*Leonard Bernstein*

# Worte wie Musik

Herausgegeben
und eingeleitet von
Harald Schützeichel

Herder
Freiburg · Basel · Wien

Zweite Auflage
Umschlagmotiv: Juan Gris, Die Geige 1916
[Ausschnitt]
Umschlaggestaltung: Hermann Bausch
Alle Rechte vorbehalten – Printed in Germany
© für diese Ausgabe:
Verlag Herder Freiburg im Breisgau 1992
Herstellung: Clausen & Bosse, Leck
Gedruckt auf umweltfreundlichem,
chlorfrei gebleichtem Papier
ISBN 3-451-23860-8

# Inhalt

Einleitung . . . . . . . . . . 7

I  *Es gibt guten Händel
   und guten Bob Dylan*
   Erkenntnisse über Musik . . . . . 15

II *Mit einer Art von Teufel
   auf dem Rücken*
   Das Geheimnis künstlerischen
   Wirkens . . . . . . . . . . . . . . 35

III *Wie die architektonischen Linien
    einer Brücke*
    Musiker und ihre Werke . . . . . 49

IV *Die Meistersinger
   waren einfach alle zu dick*
   Die Musik des 20. Jahrhunderts . . 71

V  *Unsere Zeit
   ist fieberhaft beschleunigt*
   Leben im 20. Jahrhundert . . . . . 85

*Inhalt*

VI *Das Leben ist eine endlose Folge von Überraschungen*
Aus meinem Leben als Musiker . . 95

VII *Große Worte kommen nicht in Frage*
Erkenntnisse . . . . . . . . . . . 107

VIII *Ich glaube an die Möglichkeiten der Menschen*
Die Zukunft der Menschheit . . . 117

Quellenverzeichnis . . . . . . . . . . . 127

# Einleitung

Ein wenig klingt es wie ein Beispiel der alten amerikanischen »Tellerwäscher«-Story: Am 13. November 1943 springt ein junger, 25 Jahre alter Amerikaner in einem Konzert der New Yorker Philharmoniker kurzfristig für den erkrankten, weltberühmten Dirigenten Bruno Walter ein – und wird »über Nacht« berühmt. Der junge Dirigent ist Leonard Bernstein, damals erst seit wenigen Wochen stellvertretender Dirigent der New Yorker Philharmoniker. Als Sohn russisch-jüdischer Emigranten am 25. August 1918 in Lawrence (Massachusetts) geboren, begann sich Bernstein ab dem 10. Lebensjahr intensiv mit Musik zu beschäftigen, als die Familie durch Zufall ein Klavier erhielt. Dieses Ereignis veränderte das Leben des jungen Leonard, wie er sich später erinnert: »Ich fand ein Universum, in dem ich sicher war: die Musik.« Der Vater stand freilich Bernsteins Begeisterung für die Musik, dem in den folgenden Jahren selbstfinanzierten Klavierunterricht bei Helen Coates und dem 1935 begonnenen

*Einleitung*

Studium in Harvard (Musik, Philosophie, Ästhetik, Literatur- und Sprachwissenschaft) zunächst mißbilligend gegenüber, hatte er doch immer gehofft, sein Sohn werde einen »anständigen« Beruf ergreifen. Leonard Bernstein blieb jedoch bei der Musik: Nach dem Studium in Harvard wechselte er 1941 an das Curtis Institute of Music in Philadelphia, wo er unter anderem Schüler von Fritz Reiner (Dirigieren) und Randall Thompson (Instrumentation) war. In den Sommermonaten der Jahre 1940–1942 studierte er in Tanglewood bei dem Dirigenten Serge Koussevitzky, dessen Assistent er später wurde. In Tanglewood vertiefte Bernstein ferner seine Freundschaft mit dem amerikanischen Komponisten Aaron Copland, den er bereits 1937 kennengelernt hatte. Im gleichen Jahr hatte er auch den griechischen Dirigenten Dimitri Mitropoulos, den späteren Dirigenten der New Yorker Philharmoniker, erstmals getroffen, der den entscheidenden Anstoß für die Dirigentenausbildung Bernsteins gab.

Nach Abschluß seiner Studien fand Bernstein jedoch trotz der zahlreichen Kontakte zu

*Einleitung*

bedeutenden Persönlichkeiten zunächst keine entsprechende Arbeit. Auch wurden infolge der politischen Ereignisse (Eintritt der USA in den Zweiten Weltkrieg) die Festwochen in Tanglewood 1942 just zu dem Zeitpunkt vorübergehend eingestellt, als Bernstein erstmals selber unterrichten sollte. So mußte er seinen Lebensunterhalt durch das Anfertigen von Klavierarrangements für einen New Yorker Verlag verdienen.

1943 feierte Bernstein seinen 25. Geburtstag, an den er sich später so erinnert: »Tatsache ist, daß ich mich an meinem fünfundzwanzigsten Geburtstag in einem Zustand tiefster Verzweiflung befand, weil ich zum zweiten Mal wegen meines Asthmas von der Armee für untauglich befunden worden war. Ich hatte damals einen Job, der mir einfach verhaßt war – er hatte mit Transkriptionen auf dem Gebiet des Jazz und der kommerziellen Musik bei einem Jazz-Verlag zu tun, und ich bekam dafür pro Woche 25 Dollar. An etwas anderes schien ich nicht heranzukommen... Ich sollte eigentlich dirigieren, als Pianist auftreten und meine Kompositionen vortragen können, aber es geschah ein-

*Einleitung*

fach nichts. Und noch dazu wollte mich die Armee nicht haben. Keiner konnte etwas mit mir anfangen. Ich wollte am 25. August 1943 ins Wasser gehen, als ich genau an diesem Tag einen Anruf erhielt.« Bei dem Anrufer handelte es sich um Artur Rodzinski, der gerade zum Dirigenten der New Yorker Philharmoniker ernannt worden war und Bernstein zu seinem Assistenten machen wollte. Einige Wochen nach Antritt der neuen Stelle stand Bernstein dann in Vertretung des berühmten Bruno Walter am Dirigentenpult und wurde enthusiastisch gefeiert. Ein Jahr später erlebte er mit der Aufführung des Balletts »Fancy Free« und des Musicals »On the town« auch erste große Erfolge als Komponist. Im gleichen Jahr fand zudem die Uraufführung seiner 1. Symphonie (»Jeremiah«) in Pittsburgh statt. Der Grundstock für seine weitere Karriere als Dirigent und Komponist war damit gelegt.

In Bernsteins Laufbahn als Dirigent ist sicher einerseits die Zeit als Musikdirektor der New Yorker Philharmoniker (1958–1969) hervorzuheben, andererseits aber seine Konzertreisen, durch die es ihm gelang, im Austausch und ge-

*Einleitung*

genseitigen Kennenlernen verschiedener Nationen Zeichen zu setzen. So dirigierte Bernstein beispielsweise im Mai 1948 im ehemaligen Konzentrationslager Dachau ein Konzert mit den 16 noch überlebenden Musikern des Dachauer Symphonieorchesters. Unter den Zuhörern waren auch die Musiker des im Dritten Reich geförderten Bayerischen Staatsorchesters, das Bernstein kurz zuvor in München dirigiert hatte: »Das ganze Orchester, etwa hundert Mann, war gekommen, zusammen mit ihrem Intendanten. Sie lagen quasi auf den Knien, hatten Blumen mitgebracht und legten Rosen aufs Podium. Das war eine Art Buße für sie.«

Ein Jahr zuvor hatte Bernstein erstmals das Palestine Orchestra (das spätere Israel Philharmonic Orchestra) in Tel Aviv, Haifa und Jerusalem dirigiert – eine Zusammenarbeit, die dieser vor allem als moralische Unterstützung für den jungen Staat ansah, und die bis zu Bernsteins Tod anhielt.

In seinen Konzerten setzte sich Bernstein sehr für die Musik des 20. Jahrhunderts, insbesondere die amerikanische, ein und dirigierte häufig auch eigene Werke. Zeit seines Lebens war er jedoch zwischen dem darstellenden und dem schaffenden Künstlertum hin- und hergerissen – hierin dem von ihm verehrten Gustav Mahler vergleichbar. In beiden Tätigkeiten war Bernstein dabei sowohl in der sogenannten »E-Musik« wie der »U-Musik« zuhause. Dennoch verstand er sich nicht als Wanderer zwischen zwei Welten, da für ihn *jede* Musik, die einen echten menschlichen Ausdruck darstellte, ernstzunehmene Musik ist – unabhängig vom Musikstil oder dem Aufführungsort. Und jede Musik ist für Bernstein ferner eine Möglichkeit, daß Menschen zueinander finden, sich kennenlernen, sich gegenseitig aufrichten und den Glauben an die Zukunft der Menschheit nicht aufgeben.

Die Zukunft der Menschheit, des Glaubens und der Musik waren die bedrängenden Fragen, die den Musiker Bernstein immer wieder beschäftigten und um eine Antwort ringen ließen. Viele seiner Kompositionen gründen in der Auseinandersetzung mit dem jüdischen Glauben und der Frage, wie in der Welt heute überhaupt noch ein Glaube an Gott möglich ist.

*Einleitung*

Wie sehr Bernstein diese Frage innerlich bedrängte, wird etwa in seiner dritten Symphonie deutlich. Bernstein schrieb den Gesangtext für diese Symphonie selbst und schuf eine wütende, bisweilen aufsässige Auseinandersetzung mit Gott: »Ein leidender Mensch, der Gott nicht nur demütig ergeben ist, sondern jüdisch-unbequem-verstört etwas von ihm fordert.« (J. Kaiser). Die Frage nach der Zukunft des Glaubens ist für Bernstein jedoch letztlich offen. Jeder Mensch muß sich ihr immer wieder neu stellen, auch wenn er immer nur eine vorübergehende Antwort finden kann.

Bezeichnend für Bernstein ist, daß er die Zukunft des Glaubens mit der Zukunft der Musik in Beziehung setzt: Der Verlust des Glaubens ist für ihn gleichzusetzen mit der Absage an die Tonalität im musikalischen Bereich. Krise der Musik und Krise des Glaubens gehören für Bernstein also eng zusammen. Bei der Klärung beider Fragen müssen alle abgenutzten Begriffe und dogmatischen Leerhülsen wegfallen, damit eine neue Vorstellung von Gott und eine neue Auffassung von Tonalität Raum gewinnen kann. Freilich: Ob dies gelingt, ist letztlich

*Einleitung*

ungewiß. Bernstein drückt diesen Zweifel, aber auch die Sehnsucht des Menschen nach Erfüllung, Frieden, Liebe und Ruhe in seinen Kompositionen immer wieder aus; viele seiner Werke enden mit einem großen Fragezeichen. Die Zukunft der Menschheit ist nicht gesichert, sie ist uns immer neu aufgetragen – so Bernsteins Botschaft. Und: »Es sind die Künstler auf dieser Welt, die Fühlenden und die Denkenden, die uns schlußendlich erretten werden.«

Die folgenden Texte wollen in die Vielfalt der Tätigkeiten des 1990 verstorbenen Leonard Bernstein, aber auch in sein Suchen und Fragen, seine Erkenntnisse und Anfragen an die Menschen einführen. Sie sind eine bleibende Herausforderung dieses außergewöhnlichen Musikers.

*Harald Schützeichel*

# I

## *Es gibt guten Händel und guten Bob Dylan*

### Erkenntnisse über Musik

*Es gehört zur menschlichen Natur,
der Musik gern zuzuhören.*        *Junge Leute, 53*

IHR HABT SICHER SCHON Leute sagen hören: »Ich habe nur gute Musik gern« – und sie meinen Händel anstatt Bob Dylan. Ihr wißt, was sie sagen wollen; aber gibt es nicht auch so etwas wie guten Jazz oder einen guten Schlager? Ihr könnt also nicht das Wort »gut« benutzen, um eine einzige Art von Musik zu beschreiben. Es gibt guten Händel und guten Bob Dylan.
*Junge Leute, 76*

Konzertmusik bringt immer eine Nebenbedeutung mit von Besonnenheit, geistigem Aufschwung und tödlichem Ernst, während Jazzmusik als Begriff für Entspannung, Improvisation, Hemdsärmel – kurz: für Spaß gilt. Vielleicht kann man den Unterschied noch besser ausdrücken, wenn man sagt, daß man bei Jazzmusik ohne weiteres sprechen, lachen, tanzen oder den Raum für einen Augenblick verlassen kann, hingegen bei symphonischer Musik – da gibt es kein Wort, keine Bewegung, man sitzt da mit dem Kopf in den Händen, mit geschlossenen Augen, in wunderbare Träume versunken – oder vielleicht gerade nur ein wenig vor sich hindösend.

Doch sie können sich wohl zusammentun, diese beiden gegenseitig »Fremden«, und sie tun es auch oft. *Vielfalt, 47*

Es kommt darauf an, was ihr empfindet, wenn ihr Musik hört... Wir brauchen nicht alles über Halbtöne, Ganztöne und Akkorde wissen, um Musik zu verstehen. Wenn sie uns etwas sagt – nicht etwas erzählt oder ein Bild beschreibt, sondern ein Gefühl erweckt –, wenn sie eine Veränderung in uns bewirkt, dann verstehen wir Musik. Das ist alles. Denn diese Gefühle gehören zur Musik. Sie stehen selbständig da wie die Geschichten und Bilder, über die wir vorher gesprochen haben. Sie sind nicht außerhalb der Musik. Um diese Gefühle geht es in der Musik.

Das Wunderbarste aber ist, daß die Gefühle, welche Musik in uns hervorruft, unendlich vielfältig sind. *Junge Leute, 70f*

## Erkenntnisse über Musik

Musik ist schwierig. Es ist nicht leicht, einem Stück zuzuhören und wirklich immer zu erkennen und zu fühlen, was darin geschieht. Für viele Menschen mag ein Werk leicht und angenehm zu hören sein; es kann phantasievolle Bilder hervorrufen oder die Menschen in sinnenfreudiges Behagen versetzen, sie anregen, beruhigen oder was auch immer. Aber nichts davon heißt »zuhören«.  *Vielfalt, 19*

Plötzlich erwachte meine alte studentische Vorstellung von einer universellen musikalischen Grammatik zu neuem Leben. Jahrelang war sie in Schlaf versetzt gewesen, vermutlich gelähmt von der schrecklichen Klischeevorstellung, daß die Universalsprache der Menschheit die Musik sei. Wenn man diesen Satz tausendmal gehört hat, zumeist mit dem Nachsatz: »Treten Sie daher dem Vercin der Opernfreunde bei«, erstarrt er nicht bloß zum Klischee, sondern wird zur Irreführung.

Wie viele von Ihnen können hinduistischer Raga-Musik vierzig Minuten lang mit wachem

*Es gibt guten Händel und guten Bob Dylan*

Verstand zuhören – oder dabei überhaupt wach bleiben? Und wie steht es mit den verschiedenen Arten und Abarten avantgardistischer Musik? Nicht so besonders universell, oder?

*Frage, 17*

Man möge einem Musikstück jeden beliebigen Titel geben. Möge es mit einem ganzen Wust von Erklärungen versehen, es wird doch nichts anderes daraus werden als eine bestimmte Anzahl von Noten, geordnet nach verschiedentlichen Regeln und unterschiedlichen Mustern. Man kann den Anfang von Beethovens 5. Symphonie als das Schicksal, das ans Tor pocht, empfinden oder als jenen Morse-Code, der im letzten Krieg »Victory« bedeutete – beiden Empfindungen liegt dennoch nichts anderes als die dreimalige Wiederholung der Note G und ein abschließendes Es zugrunde. *Sonst nichts.* Aber im Unikum Mensch spukt irgendein Kobold, der es zustande bringt, daß diese vier Noten in diesem besonderen rhythmischen Muster die Macht besitzen, eine ganze gestimmte Wirkung auf uns zu haben.

*Erkenntnisse, 50*

## Erkenntnisse über Musik

Wenn ein Musikstück etwas »bedeutet«, wird mir diese Bedeutung durch die erklingenden Noten selbst mitgeteilt…, und ich kann Sie Ihnen anhand dieser Formen erklären. Aber wenn die Musik etwas »ausdrückt«, ist das etwas, das ich empfinde – und das gleiche gilt für Sie und jeden anderen Hörer. Wir empfinden Leidenschaft, wir empfinden Ruhm, wir empfinden das Geheimnisvolle, wir *empfinden etwas*. Und hier entsteht Verwirrung, denn wir können über unsere Empfindungen keine wissenschaftlichen Mitteilungen machen, wir können nur subjektiv über sie berichten.

*Frage, 139–141*

Nichts kann zum Verständnis von Musik mehr beitragen, als sich hinzusetzen und selbst Musik zu machen.

*Vielfalt, 22*

Wenn wir Musik »erklären« wollen, müssen wir eben *Musik* erklären und nicht jene Unmenge von ganz anderen Vorstellungen und Assoziationen, die die »Musikverständigen« wie Auswüchse um die Musik haben wachsen lassen.

*Freude, 14*

*Es gibt guten Händel und guten Bob Dylan*

Ich muß Ihnen einmal von John Dewey erzählen, der die Theorie verfocht, man solle etwas lernen, indem man es tue. Das ist ein vortrefflicher Gedanke, besonders was Musik angeht; denn wenn wir immer wieder und wieder selbst musizieren, nehmen wir alle die verstaubten Regeln von Form, harmonischem Aufbau und alles übrige beinahe wie durch Osmose in uns auf und spüren und erfassen die Richtigkeit dieser Regeln. Man lernt so ohne Plage; die Gegebenheiten der Musik sind nicht mehr trockene Tatsachen, sondern lebendige Wahrheiten. Wenn diese Wahrheiten dem großen Publikum einmal eingeflößt sein werden, dann ist es automatisch gerüstet, aktiv zuzuhören und an jedem Musikwerk, das ihm geboten wird, teilzunehmen...

Noch wertvoller wäre dann, daß sich ein Bestand von Terminologie bilden würde, der allen geläufig ist; das könnte wirkliche Diskussionen über Musik ermöglichen, nicht bloß Geschnatter über den Dirigenten, der den zweiten Satz zu rasch genommen hat, oder über rivalisierende Primadonnen...

Aber da zeigt sich sogar ein noch brauchbareres Ergebnis in der Ferne – Hausmusik. Bedenken Sie doch, wie wichtig das ist – daß man nicht bloß Schallplatten anhört, sondern mit der Familie selbst musiziert! Das ist vielleicht für eine »kultivierte« musikalische Gemeinschaft am wesentlichsten. *Vielfalt, 22*

Ich könnte mich in tausend Fernsehsendungen über Mozart heiser reden und den Menschen nie auch nur den Bruchteil des Verständnisses und Wissens vermitteln, das sie gewinnen können, wenn sie eine Stunde lang ganz für sich allein Mozart-Sonaten spielen. *Vielfalt, 22*

Man kann Tatsachen nicht mit Noten feststellen. Man kann keine Musik schreiben, die jemandem etwas mitteilt, man kann nicht einmal Musik komponieren, die irgend etwas schildern wird, außer man sagt, was diese Musik schildern soll... Deshalb ist das, was der Komponist sagt, niemals materiell, kann nie wörtlich genommen werden, sondern muß emotionell sein. Aber natürlich muß sich das Gefühl in der Stille sammeln. *Vielfalt, 267f*

*Es gibt guten Händel und guten Bob Dylan*

Ein Prosa-Satz kann Teil eines Kunst-Werkes sein – oder nicht. In der Musik gibt es kein derartiges Entweder-Oder: eine musikalische Phrase ist eine Kunstphrase. Es kann sich um gute oder um schlechte Kunst handeln, um erhabene oder um Pop-Kunst, sogar um kommerzialisierte Kunst: Aber es kann sich hier niemals um Prosa im Sinne eines Wetterberichtes handeln oder um nüchterne Feststellungen über Jack und Jill, Harry oder John. *Frage, 91*


Musik ist undurchsichtig und nicht transparent. So kann man es möglicherweise ausdrükken. Da sind Töne, die man hört, und das ist alles, was man versteht, man kann durch die Töne nicht hindurchsehen und eine Bedeutung dahinter erkennen. *Vielfalt, 270*


Kunstwerke beantworten keine Fragen: Sie verursachen sie; und ihre wesentliche Bedeutung liegt im Spannungsfeld der widersprüchlichen Antwortmöglichkeiten. *Erkenntnisse, 151*

*Erkenntnisse über Musik*

Wo die Kunst wirklich lebt und sucht, sind Differenzen unvermeidlich; Diskussionen entstehen, und Schulen bilden sich. *Freude, 111*

Der Kunstliebhaber kann ehrlicherweise kein Skeptiker sein. Die Liebe zur Musik ist ein Glaube, wie immer man sich drehen und wenden mag. *Freude, 10*

Form ist nicht etwas, in das man Noten gießt, wie in eine Kuchenform, in der Erwartung, daß automatisch ein Rondo, Menuett oder eine Sonate dabei herauskommt. Die Form ist ein Wegweiser auf der abwechslungsreichen und schwierigen Reise, in der sich eine Symphonie stetig entwickelt, und darin besteht ihre wirkliche Leistung. *Freude, 69*

Ich bin sicher, es wurde Ihnen bis jetzt immer und immer wieder erklärt, was eine Symphonie ist: erstens, daß es eine musikalische Form ist. Das ist richtig. Eine Symphonie ist eine Orchester-Sonate. Dann wissen Sie auch zweifellos, daß die klassische Form aus vier Sätzen besteht, wovon der erste Satz ein Allegro in Sonatenform ist. Auch das ist richtig. Sie sind sich klar darüber, daß diesem ersten Sonatensatz normalerweise ein langsamer, sanglicher Satz folgt, dann ein heiterer Satz im Dreitakt, genannt Scherzo, und schließlich kommt ein brillantes Finale, gewöhnlich in Rondo-Form... All dies ist korrekt; aber damit können Sie noch nicht in das Geheimnis der Symphonie eindringen. Dieses Geheimnis liegt darin, das Wort »Durchführung« zu verstehen. Wenn Sie sich einmal darüber klar sind, wie die Themen entwickelt werden – wie die Steinblöcke angeordnet und nochmals geordnet werden –, dann erst können Sie beginnen, den Prozeß des Aufbaus zu werten, der das Wesen der Symphonie ausmacht; dann erst werden Sie anfangen zu verstehen, was eine Symphonie ist. *Vielfalt, 225*

Im Wachsen einer Symphonie liegt etwas Göttliches, etwas der Schöpfung selbst Ähnliches.
*Vielfalt, 257*

*Erkenntnisse über Musik*

Die echte Freude, die Musik bereitet, ist vielleicht unendlich viel größer als die Freude an einem Bild. Sie ist physischer, ein zeitliches Erlebnis, das vom Komponisten für den Zuhörer organisiert wird. Das ist ein Gemälde nicht; der Beschauer muß sein Erlebnis selbst organisieren, indem er seine Wahrnehmungen auf einen Baum unten rechts oder auf einen Sonnenuntergang oben links konzentriert. Darum behaupte ich, daß die Menschen so viel versäumen, wenn sie ein musikalisches Erlebnis nicht in seiner Gesamtheit, die offen vor ihnen ausgebreitet liegt, genießen können. *Vielfalt, 20f*

Das physische Leben ist zweitaktig. Wir leben in einer Welt von auf und nieder, rückwärts und vorwärts, Tag und Nacht. Um auszuatmen, müssen wir zuerst einatmen; es gibt in diesem Prozeß keinen dritten Schritt und keine Zwischenfunktion. Es ist ein und aus, ein und aus, 1–2, 1–2.

Darauf beruht die Symmetrie unseres Körpers. Wir sind Geschöpfe von rechts und links, und in der Mitte schlägt unser Herz und pumpt pflichtgetreu seine Systolen und Diastolen, 1–2, 1–2, solange wir leben.

Und als zweibeinige Kreaturen, die wir sind, schreiten wir auch links-rechts, links-rechts in die Kunst der Musik hinein. Deshalb ist die meiste Musik im Zweitakt, das heißt, sie hat für jeden Takt zwei Schläge, oder ein Vielfaches von zwei Schlägen für jeden Takt, wie vier, sechs oder acht.

*Vielfalt, 89*

Die Drei, wie sie der Musik zu Grunde liegt, ist in unserer biologischen Natur nicht begründet. Sie ist in ihrer Funktion nicht physisch. Das Herz schlägt nun einmal – im Gegensatz zur Wiener Propaganda – nicht im Dreivierteltakt. Versuchen Sie sich vorzustellen, wie das Leben wäre, wenn wir dreiteilig anstatt zweiteilig konstituiert wären. Stellen Sie sich beim Atmen drei Schritte vor: einatmen, dann seitlich in eine andere Lunge atmen, dann ausatmen. Eisenbahnschienen, die im Dreieck statt vor- und rückwärts laufen. Den Kompaß mit drei anstatt vier Polen und Menschen, die ihn mit drei Augen sehen. Der Geist verwirrt sich. Wir

*Erkenntnisse über Musik*

sind zweifach geformt; vielleicht ist das ein Teil unserer Endlichkeit. Wenn wir sie durchbrechen könnten, würden wir vielleicht die Weltprobleme, die uns quälen, zu verstehen beginnen. Aber der Wert der Dreiheit liegt, zumindest in der Musik, genau im Gegensatz zur Zweiheit. Sie ist die erste und edelste Ausnahme unseres natürlichen, primitiven Instinkts des Links-Rechts-Gefühls. Drei ist eine erfundene Zahl; eine intellektuelle Zahl und primär ein unphysischer Begriff. Vielleicht war deshalb »drei« für den Menschen immer ein so mystisches Symbol, wie die Heilige Dreifaltigkeit. *Vielfalt, 93*


Warum stellt sich heraus, daß ein Walzer, dessen größter Anspruch auf Ruhm es ist, im Dreivierteltakt zu stehen, genauso ein Sklave der Zweierform ist wie alles andere? Einfach, weil ein Walzer ein Tanz ist und ein Tanz auf zwei Beinen ausgeführt wird. Es heißt nicht 1-2-3, 1-2-3 ad infinitum, sondern es heißt: links-2-3, rechts-2-3, links-2-3, rechts-2-3. Sie sehen, es ist schließlich wieder links-rechts. Der Takt mag ein Dreitakt sein, aber im weiteren rhythmischen Sinn ist ein Walzer genauso zweitaktig wie ein Mensch.

*Vielfalt, 95*

Alle Witze müssen auf Kosten einer Person oder einer Sache gehen. Etwas muß verletzt oder zerstört werden, um uns zum Lachen zu bringen – die Würde eines Mannes, eine Idee, ein Wort oder die Logik selbst.

Irgend etwas geht verloren, und meistens ist es der Sinn, der zuerst draufgeht. Deswegen kommt es, wie wir schon sagten, zum Unsinn. Wir gehen in den Zirkus und sehen einen Clown, der Feuer fängt und sich selbst mit Wasser begießt. Das ist lustig; wir müssen lachen über die Anstrengungen des Clowns, denn wir wissen, daß es bloß zum Schein passiert und der Clown nicht wirklich in Gefahr schwebt.

Wir sehen in der Manege ein kleines Auto, aus dem ein Clown steigt; es folgt ein zweiter, ein dritter, dann noch drei und dann zwölf – es will kein Ende nehmen. Wie hatten sie nur alle Platz in dem kleinen Auto? Das ist doch un-

## Erkenntnisse über Musik

möglich. Wir müssen immer mehr lachen, je mehr Clowns aus dem Auto aussteigen. Das Ganze ist einfach komisch, aber wieder lachen wir auf Kosten von etwas, nämlich der Logik.

Deshalb lachen wir seit Jahren über Stan Laurel und Oliver Hardy, über Charlie Chaplin und über die Marx-Brothers. Sie machen Quatsch mit der Logik, sie pfeifen auf den gesunden Menschenverstand...

Aber wie kann man dieses zerstörende Element im Humor in der Musik anwenden? Der Sinn der Musik ist genauso leicht zerstörbar wie die Logik im Zirkus oder im Kino. Mozart tat so etwas bereits vor langer Zeit in seinem bekannten Stück *Ein musikalischer Spaß*, welches damit endet, daß alle Instrumente gräßlich falsche Noten spielen. Nach diesem Stück von Mozart haben verschiedene Komponisten dasselbe versucht. Falsche Noten sind das beste Mittel, Spaß in die Musik zu bringen; doch müssen sie mit richtigen Noten zusammen gespielt werden, um falsch zu klingen.

*Junge Leute, 109*

*Es gibt guten Händel und guten Bob Dylan*

Man weiß fast immer etwas über ein Volk, wenn man seine Lieder kennt. *Junge Leute, 115*

Spielen ist der Gegenstand und die Tätigkeit aller Musik; wir spielen Musik auf unseren Instrumenten, so wie der Komponist mit den Tönen spielt, wenn er sie erfindet. Er *gaukelt* mit Klanggruppen, er *tändelt* mit der Dynamik, er *schlittert* durch Klangfarben, er *gleitet* und *purzelt* und *hüpft* durch die Rhythmen – kurzum, er frönt dem, was Strawinsky »Le Jeu des Notes« nennt. Das Spiel der Noten: eine treffende Beschreibung von dem, was Musik ist.

*Frage, 135–137*

Tatsache ist, daß alle Musik ihrem Ursprung nach primitiv ist, denn sie ging aus der Volksmusik hervor, die ja notwendig einfach und naturhaft ist. Was ist schließlich ein Haydn-Menuett oder Beethoven-Scherzo anderes als ein veredelter ländlicher deutscher Tanz?

*Freude, 90*

*Erkenntnisse über Musik*

Im Grunde genommen ist das Publikum ein recht fest auf den Füßen stehendes kleines Biest, wenn man es so nennen kann, das genau spürt, ob es etwas Echtes erhält oder nicht. Sogar, wenn diese Menschen Musik nicht ausstehen können, wissen sie, ob es »echt« ist oder nicht. *Vielfalt, 272*


Ein Musiker ist ein Pilger, der durch die Welt wandert, die er bewohnt. Sperrt man ihn ein – oder aus –, versteinert er. *Erkenntnisse, 248*


Erich Fromm schreibt immer wieder Bücher darüber, wie unfähig wir sind zu lieben, und daß Liebe der einzige Weg ist, um in der Welt Wärme und Verständigung zu finden; ich nehme an, es ist richtig; nur ist Liebe nicht der einzige Weg. Kunst ist auch ein Weg, die Verständigung durch Kunst. *Vielfalt, 266*

# II

## *Mit einer Art von Teufel auf dem Rücken*

### Das Geheimnis künstlerischen Wirkens

*Seit jeher haben sich die großen Denker
gern in ein mystisches Dunkel gehüllt,
wenn sie von der Musik sprachen.
Sie wußten, daß ihre Schönheit und
Vollkommenheit aus der Verschmelzung
von Mathematik und Magie geboren wird.* Freude, 10

WARUM WILL EIN KOMPONIST überhaupt etwas sagen? Vorausgesetzt, er habe etwas zu sagen, warum behält er es nicht für sich? Das ist der Zwang, der den Künstler macht. Ich sehe immer ein Bild vor mir: ein Künstler, mit einer Art von Teufel auf dem Rücken, der ihn mit einer Heugabel anstachelt. Ich habe dieses Gefühl, wenn ich auf die Bühne trete, um zu dirigieren – irgend etwas stößt mich hinaus, ein Kobold im Rücken. Man bekommt in der Tat selbst Lust, hinauszutreten und diese verrückte Sache auf dem Podium anzuschauen; es ist wirklich eine verrückte Sache. Ein erwachsener Mann steht auf dem Podium und fuchtelt mit den Armen herum: blödsinnig! Aber irgend etwas bringt mich dazu, es zu tun. Es ist ein Zwang. Kein Zweifel – es ist triebhaft. Man kann nichts dagegen tun. Der Akt des Komponierens ist ebenso zwingend. Wenn man etwas zu sagen hat, fließt einem sofort der Mund davon über. Im Privatleben geht das natürlich nicht, denn wenn man da etwas zu sagen hat, muß man warten, bis man an die Reihe kommt, und die Gewißheit haben, daß irgend jemand hören will, was man zu sagen hat. Man hat während einer Abendgesellschaft den günstigen Moment abzuwarten, in dem man sich einschalten und es dann sagen kann. Ist man aber ein Komponist oder ein anderer Künstler, hat man das göttliche Recht, es auf jeden Fall zu sagen. (Das heißt noch nicht, daß es auch gehört werden wird.) *Vielfalt, 266*

Geld ist ein vollkommen gültiges künstlerisches Motiv, so gerne wir diesen Gedanken auch verdrängen möchten. Da es aber auch das Hauptmotiv für den Verkauf von Schuhen oder Buicks oder Kaugummi ist, erklärt es nicht ganz, was denn die Kunst im besonderen motiviert. Dasselbe läßt sich ja von allen anderen bodenständigen Motivkräften sagen, vom Erfolg, vom Ruhm, von der Beliebtheit, der Bewunderung und allen übrigen; sie alle motivieren unleugbar den Künstler, alle Künstler; aber insofern diese Begriffe auch Senatoren, Beatles und Schleiertänzerinnen motivieren,

*Das Geheimnis künstlerischen Wirkens*

kann man sie nicht unbedingt der Kunst zuzählen – diesem unnötigen, senatsfremden Zeitvertreib...

In diesen Tagen der Entschleierung der letzten Geheimnisse, in diesen Tagen, da sogar das Ende unseres Planeten an Hand der Expansionsgeschwindigkeit des Universums vorausberechenbar werden kann, kann man nur beten, daß dieses eine Geheimnis unentdeckt bleibt: warum sich der Mensch schöpferisch betätigt. Ich fürchte, daß in der Stunde, in der man das enträtselt, es keine Kunst mehr gibt. Und ich möchte, daß es in einer solchen kunstlosen und geheimnislosen Welt auch mich nicht mehr gibt. *Erkenntnisse, 145f*

Sie wissen, wie wenig Geheimnisse uns noch bleiben; eines Tages wird irgendein Superhirn daherkommen und uns eine brillante Erklärung über den Zeugungsakt liefern: DNA – oder was immer – wird uns den Vererbungsprozeß erklären, und XYZ wird den letzten Schleier, der die chemischen Wunder der geschlechtlichen Anziehungskraft verhüllt, hinwegziehen. Und was wird uns dann übrigbleiben? Der Mensch und sein letztes Geheimnis: die sinnlose, nutzlose, herrliche Suche nach der künstlerischen Wahrheit. *Erkenntnisse, 146*


Jeder Künstler ringt mit der Wirklichkeit mittels seiner Einbildungskraft. Diese Einbildungskraft, allgemein bekannt unter dem Namen Phantasie, ist sein größter Schatz, das Rüstzeug für sein ganzes Leben. Und da seine Arbeit sein ganzes Leben ist, wird seine Phantasie fortwährend strapaziert. Sein Leben ist geträumt. *Erkenntnisse, 259*


Das ist der eigentliche Schlüssel zum Geheimnis großer Kunst: daß der Künstler seine Kraft und sein Leben an die eine Aufgabe hingibt, die richtigen Noten einander folgen zu lassen, wobei er sowenig weiß wie ein anderer, warum er das tut. Es scheint eine absonderliche Art und Weise, sein Leben zu verbringen; aber ihre Bedeutung für uns wird sogleich offenbar, wenn man bedenkt, daß es damit einem Menschen gelungen ist, uns das Gefühl zu vermitteln, daß es etwas auf der Welt gibt, das seine Richtigkeit hat, das immer stimmt und stetig seinem eigenen Gesetz folgt, etwas, dem wir blind vertrauen können, und das uns niemals im Stich läßt. *Freude, 86*

Ich glaube, dies ist der wichtigste Aspekt jeder Kunst – daß sie nicht vorsätzlich aus dem Kopf eines Menschen entstanden ist. *Vielfalt, 262*

Die Gabe der Phantasie ist aber keineswegs ausschließlicher Besitz der Künstler; dieser Gabe sind wir alle teilhaftig; bis zu einem gewissen Grad sind wir alle, seid ihr alle im Besitz der Macht, Phantasie spielen zu lassen. Der dümmste Dummkopf unter uns hat die Gabe, in der Nacht Träume zu haben – Visionen und Sehnsüchte und Hoffnungen. So wie jeder denken kann. Der Unterschied liegt bloß in der Güte des Denkens – nicht bloß des logischen Denkens, sondern auch des aus der Phantasie heraus Gedachten. Unsere größten Denker, die, die unsere Welt von Grund auf verändert haben, sind auf ihre Wahrheiten gestoßen, als sie sie träumten: Zuerst waren sie bloß Einbildungen, dann ging man ihnen nach und konnte schließlich ihre Realität beweisen. Dies gilt für Plato und Kant, für Moses und Buddha, für Pythagoras und Kopernikus, für – ja, gewiß – Marx und Freud und seit neuestem auch für Einstein, der immer wieder darauf hinwies, daß Phantasie wichtiger als Wissen sei. Er sprach offen aus, daß er seine Relativitätstheorie längst erträumt hatte, ehe er beweisen konnte, daß sie wahr sei.

*Erkenntnisse, 260*


Vielleicht ist es dieser Umstand, der die Künstler von den gewöhnlichen Leuten unterscheidet: daß die Antriebskräfte ihrer Phantasie nicht eingedämmt wurden, daß sie sich im erwachsenen Zustand mehr von ihren Kinderphantasien bewahren konnten als »normale« Menschen. Das bedeutet keineswegs, daß der Künstler nur der kindhafte Wirrkopf sei, der er aller romantischen Tradition zufolge sein sollte; er ist normalerweise durchaus imstande,

sich die Zähne zu putzen, sein Liebesleben zu koordinieren und im Taxi ein Trinkgeld zu geben.
*Erkenntnisse, 259*


Es gibt viel romantischen Unsinn des 19. Jahrhunderts, in dem man sich den schöpferischen Künstler in der Stimmung des Werks vorstellt, das er gerade schreibt. Aber das ist eine nachträgliche Vorstellung. Wir schauen nur darauf zurück. Wir sehen Beethoven seine »Pastorale« schreiben, während er durch die Wälder wandert, auf dem Felsen sitzt, dem Rauschen des Bächleins lauscht – und sein Notizbuch herauszieht! Man kann keine Symphonie schreiben, während man auf Felsen sitzt. Man muß nach Hause gehen, sich in einen Stuhl setzen, am besten die Vorhänge zuziehen und womöglich nicht das geringste von der Natur sehen, weil es einen ablenkt. Man muß sich darauf konzentrieren, wie man die dritte Stimme, die zur Fuge paßt, herausbekommt.
*Vielfalt, 268 f*

*Mit einer Art von Teufel auf dem Rücken*

Bewegte Musik wird nie von einem bewegten Komponisten geschrieben und verzweifelte Musik nie von einem verzweifelten Komponisten. Können Sie sich mich als Komponisten vorstellen, der in verzweifelter Stimmung, in Selbstmordstimmung, bereit, alles aufzugeben, sich ans Klavier setzt und die »Pathétique« von Tschaikoswky komponiert? Wie könnte ich das? Ich wäre nicht einmal in der Verfassung, meinen Namen zu schreiben. *Vielfalt, 268*

Nur Künstler können Magie begreiflich machen. Nur in der Kunst findet die Natur ihren Ausdruck. Und ebenso läßt sich Kunst nur durch Kunst ausdrücken. Deshalb gibt es nur einen Weg, wirklich etwas über Musik zu sagen, nämlich Musik zu schreiben. *Freude, 11*

Alle Komponisten schreiben ihre Musik in den Ausdrücken der ganzen Musik, die ihrer vorangegangen war. Jede Kunst anerkennt die Kunst, die gewesen oder die noch gegenwärtig ist.

*Das Geheimnis künstlerischen Wirkens*

Sogar experimentelle, revolutionäre Komponisten, radikal in ihrem eigenen Stil, anerkennen die frühere Musik, wenn sie die revolutionäre Musik schreiben, gerade weil sie zu vermeiden suchen, was vorher war. Deshalb komponieren auch sie in gewisser Art in den Ausdrücken der Musik, die ihrer vorangen.

*Vielfalt, 265*

Ich glaube an das Unbewußte im Menschen, an diesen tiefen Quell, der der Ursprung seiner Macht ist, sich mitzuteilen und zu lieben. Für mich ist alle Kunst eine Kombination dieser beiden Mächte; Kunst gilt mir nichts, wenn sie nicht imstande ist, auf der Ebene des Unbewußten eine Verbindung zwischen dem, der das Kunstwerk schuf, und dem, der es wahrnimmt, herzustellen.

*Erkenntnisse, 77*

Wenn wir einander mit Musik berühren, berührt einer des anderen Herz, Verstand und Seele, alles auf einmal.

*Erkenntnisse, 137*

Die Musik ist etwas ganz Besonderes. Sie erreicht unser Herz nicht über den Verstand; sie ergreift das Herz direkt. Man muß sie nicht verkleiden wie die gesprochenen Worte in einem Theaterstück. Sie packt uns ganz spontan und beeindruckt uns deswegen so stark.
*Freude, 258*

Wir können sagen, die Liebe sei die innigste und tiefste Art zweier Menschen, sich einander mitzuteilen. Die Kunst vermag diese Mitteilungsform auszuweiten, zu vergrößern und auf eine weit größere Zahl von Menschen zu erstrecken. Dazu bedarf es eines heißen Kerns, eines verborgenen Heizkörpers. Ohne diesen Kern ist Kunst nichts als Übung in Fingerfertigkeiten, nichts als Aufmerksam-Machen auf sich selbst oder eitle Selbstdarstellung. Der Wärme und der Liebe wegen, die sie ausstrahlt, glaube ich an die Kunst, mag sie leichteste Unterhaltung, bitterste Satire oder erschütterndste Tragödie sein. Denn wenn Kunst erkaltet, ist sie unfähig, irgend jemandem irgend etwas mitzuteilen.
*Erkenntnisse, 77 f*

*Das Geheimnis künstlerischen Wirkens*

Ich habe mir immer gedacht, wäre die alttestamentliche Behauptung »Im Anfang war das Wort« buchstäblich wahr, dann müßte dieses Wort ein gesungenes Wort gewesen sein... Können Sie sich vorstellen, daß Gott »Es werde Licht« so ganz einfach vor sich hingesagt hat, so wie man Kaffee bestellt? Selbst in der Originalsprache: Y'hi Or? Ich hatte stets die Phantasievorstellung, daß Gott die beiden flammenden Worte Y'HI-O-O-OR! *gesungen* haben muß. Das mag der tatsächliche Schöpfungsakt gewesen sein: Musik mochte Licht hervorgebracht haben.

*Frage, 25*

Der Dirigent muß sein Orchester nicht nur zum Spielen bringen. Er muß den Musikern auch noch den Wunsch und das Bedürfnis zu spielen einflößen. Durch Schmeichelei, Forderung oder Zorn muß er sie begeistern und mitreißen... Wenn das eintritt – wenn hundert Menschen genau und zur gleichen Zeit seine Gefühle teilen, wenn sie wie ein Mann jedem Steigen und Fallen, jeder Wendung und jeder inneren Bewegung folgen –, dann entsteht eine

Gemeinschaft des Fühlens, die nicht ihresgleichen hat. Unter allen menschlichen Beziehungen, die ich kenne, ist es diese, die der Liebe am nächsten kommt. Diese Vereinigung in gemeinsamer Liebe schafft eine vollständige Einheit zwischen dem Dirigenten und den Musikern und schließlich auch dem Publikum.

*Freude, 141*

III
———

*Wie die
architektonischen Linien
einer Brücke*

Musiker und ihre Werke

*Das ist die wichtigste Komponente
des Musikschaffens – die Persönlichkeit
des Komponisten, der mit Kopf und Herz
»etwas zu sagen« hat.* Vielfalt, 30

Bach war der letzte Repräsentant einer antidualistischen Auffassung. Innerhalb eines Satzes gelang immer nur eine einzige Idee zur Durchführung. Bach vertrat das alte Prinzip, das immer nur ein Ding zur gleichen Zeit bestehen ließ – Trauer oder Freude, Tag oder Nacht – eine Konzeption, deren Berechtigung außer Zweifel steht. Wir sind nur etwas verbildet. Um an Bach Freude zu haben, müssen wir uns umorientieren und eine Musik zu verstehen versuchen, bei der jeweils nur eine Idee durchgeführt wird. Wenn am Anfang das Thema einmal formuliert worden ist, so ist damit die Hauptsache geschehen. Der Rest des Satzes wird eine ständige Ausarbeitung, Wiederholung und Diskussion dieses Hauptthemas sein; man könnte das mit den architektonischen Linien einer Brücke vergleichen, deren einzelne Strukturen aus einem großen Grundbogen herauswachsen. *Freude, 216*

Für Bach war alles in der Musik Religion; sie zu schreiben war ein Glaubensbekenntnis; sie zu spielen ein Gottesdienst. Jede Note war nur an Gott gerichtet. Das trifft auf alle Teile seines Werkes zu, wie weltlich auch immer ihr Verwendungszweck gewesen war...

Die Kraft in Bachs Werk ist sein einfacher Glaube. Wie hätte er sonst diese großartige Musik auf Bestellung schreiben können, wie hätte er sie zu festen Terminen abliefern und so viele Arbeiten gleichzeitig ausführen können? Er spielte Orgel, dirigierte den Chor, lehrte, unterrichtete seine zahlreichen Kinder, verkehrte mit anderen Musikern und war außerdem immer darauf bedacht, einen besser bezahlten Posten zu erhalten. Bach war eben ein Mensch und kein Gott; aber er war ein Mann Gottes, und seine Musik ist von Anbeginn bis Ende von Gott gesegnet. *Freude, 247*

Mozart ist ganz Musik; es gibt nichts, was man von Musik erwartet, das er nicht bringen könnte... Diese Musik ist ein vollkommenes Produkt ihrer Zeit – geistreich, sachlich, graziös, köstlich. Und doch, über dem Ganzen schwebt der größere Geist, der Mozart eignet – der Geist der Leidenschaft, der Liebe zur Welt und sogar des Leidens – ein Geist, der keine Epoche kennt und aller Ewigkeit gehört.

*Vielfalt, 78 f*

Wenn Sie, vielleicht an einem regnerischen Nachmittag, das vollständige Werk Mozarts durchgehen, werden Sie zu Ihrem Entsetzen immer wieder dieselben Kadenzmuster finden, die der Komponist mit unglaublicher Gleichförmigkeit in einem Werk nach dem andern wiederholt, in einem Satz nach dem andern, ja in einer Phase nach der andern. Diese Kadenzen sind fast keine Musik mehr; sie scheinen nur noch Interpunktionen zu sein...

Kein zeitgenössischer Komponist würde sich jemals eine so häufige Wiederholung seines »Warenbestandes« gestatten (außer den schlechten, hauptsächlich denen aus der Avantgarde). Was kann das bedeuten? Daß Mozart sich vollständig ausgegeben hatte? Daß es ihm an Einfallsreichtum fehlte? Gewiß nicht, denn »Einfall« hieß Mozarts zweites Ich. Es bedeutet nur, daß Mozart ein Komponist seiner Zeit war, und daß seine Ausdrucksmöglichkeiten notgedrungen durch die Konventionen dieser Zeit begrenzt wurden. Das Wunder besteht nicht darin, daß er konventionelle Formeln gebrauchte, sondern darin, daß er die Fähigkeit besaß, damit eine so erstaunliche Mannigfaltigkeit zu schaffen. *Vielfalt, 67f*

Mozart ist der göttliche Mozart und wird es immer sein. Nicht nur ein Name, sondern ein himmlisches Genie, das auf diese Erde kam, dreißig und einige Jahre blieb, und als er die Welt verließ, war sie neu, bereichert und durch seinen Besuch gesegnet... Mozarts Genie war wie das aller großen Künstler weltumfassend. Mozart fing nicht nur das Gefühl, den Duft und den Geist seines Zeitalters ein, sondern auch den Geist und das Wesen des Menschen, des Menschen aller Epochen, des Menschen mit all seiner geheimen Sehnsucht, mit seinem Kampf und seiner Zwiespältigkeit. *Vielfalt, 64*

Beethovens Musik spielen heißt, sich selbst ganz dem Kindergeist anvertrauen, der in diesem grimmigen, unbeholfenen, gewalttätigen Mann lebt. Es heißt, sich von einer hinreißenden Unschuld verführen lassen. Ohne diese äußerste Hingabe kann man das Adagio der Neunten nicht spielen. Oder, zum Beispiel, das Scherzo. Oder, weiß der Himmel, den ersten Satz. Und das Finale? Das vor allem! Es ist schlechthin unspielbar, solange wir nicht den ganzen Weg mit ihm gehen, in kindlichem Glauben, in der Sicherheit, daß es eine Unsterblichkeit gibt, wie sie nur Kinder (oder das Genie) besitzen – es ist unspielbar, solange wir nicht mit ihm gehen, wenn er ausruft »Brüder!«, »Töchter!«, »Freude!«, »Millionen!«, »Gott!«. Aber vor allem »Brüder!«. Das vor allem ist sein kindlicher Aufschrei. Den müssen wir glauben, um ihn spielen zu können. Das ist der Grund, warum wir in dieser zynischen Welt von der wunderlichen, unzeitgemäßen Vorstellung verzaubert werden, daß alle Menschen auf Erden als Kinder Gottes zusammenleben können – wenn wir es von Beethoven ausgesprochen hören. Es ist der unwidersteh-

liche Zauber seines Glaubens, der die Idee und
die Musik unzerstörbar macht. *Erkenntnisse, 213*


Im ganzen Reich der Kunst wird man keine
Einfachheit finden, welche derjenigen Beethovens gleichkommt. Es ist eine Einfachheit,
die um so reiner strahlt, je verworrener die
menschlichen Gefühle sind, die sie umfaßt.
Denn Beethoven wußte wie der größte aller
Propheten und Lehrer das Wesentliche und
grundlegend Wahre aus der Luft zu pflücken
und daraus einen höchst komplexen Aufbau zu
konstruieren, der alle menschliche Erfahrung
in sich einschließt. *Vielfalt, 189*


Das Element des Unerwarteten wird mit Beethoven so häufig in Zusammenhang gebracht.
Aber mit der Überraschung allein ist es noch
nicht genug; ihre Größe liegt darin, daß die
Überraschung, so aufwühlend und unerwartet
sie kommen mag, sobald sie da ist, immer den
Eindruck macht, es sei das einzig Mögliche,
was in diesem Augenblick geschehen könne.

Der Grundton heißt Unvermeidlichkeit. Es ist, als ob von Beethoven ein innerer Weg zur Wahrheit und Richtigkeit führe, so daß er die erstaunlichsten und unvorhergesehensten Dinge mit absoluter Autorität und Überzeugungskraft sagen konnte. *Vielfalt, 192*

Mit Beethoven hatte die Revolution der Romantik bereits begonnen und einen neuen Künstler, den Künstler als Priester und Propheten hervorgebracht. Dieser neue Schöpfer hatte einen neuen Begriff von sich selbst: Er fühlte sich im Besitz göttlicher Rechte von beinahe napoleonischer Machtfülle und Freizügigkeit – vor allem der Freiheit, Gesetze zu brechen und neue aufzustellen, neue Formen und Begriffe zu erfinden, und das alles im Namen größerer Ausdrucksfähigkeit. Seine Sendung war es, den Weg in eine neue ästhetische Welt zu bahnen, und er vertraute darauf, daß die Geschichte den Eingebungen seiner Führungskunst folgen werde. *Frage, 201*

*Wie die architektonischen Linien einer Brücke*

Romantik mit großem »I«: *Ich*, der Künstler. So hatte sich jetzt der Ausführende den Maßlosigkeiten des Schöpfers anzupassen, und als Folge gingen daraus hervor: das Phänomen der göttlichen Schauspielerin, die verherrlichte Primadonna, die gefeierte Ballerina, der große Dirigent und vor allem der Instrumental-Virtuose: Chopin, bei dessen Konzerten erwachsene Männer zu Tränen gerührt waren; Liszt, bei dessen Klavierspiel die Damen in Ohnmacht fielen; und Paganini, der Werke von unerhörter Schwierigkeit – einschließlich seiner eigenen – mit solcher Brillanz und Leichtigkeit spielte, daß man von ihm sagte, er habe seine Seele dem Teufel verschrieben, ja er sei vielleicht der Teufel in Person... Dieser fanatische neue Kult der Persönlichkeit, in welchem der Künstler als Priester und Prophet sein Opfer auf dem hohen Altar der Menschlichkeit darbrachte, bekam beinahe die Bedeutung einer neuen Religion. *Vielfalt, 115f*

Bei Brahms kündigt sich bereits jener fundamentale Dualismus an, mit dem wir Komponisten uns heute auseinanderzusetzen haben: Es geht dabei um die Bewertung der Tonalität in unserer Zeit, ob in der Form eines Entweder-Oder, Nicht-Nur-Sondern-Auch oder einfach eines »Warum nicht?«

Für Brahms mögen Dualismen noch keine so entscheidende Rolle gespielt haben wie für uns, aber sie waren mit Sicherheit zahlreicher: das Problem eines rechten Romantikers, der seine Musik in klassisch-orchestrale Formen kleidete; der symphonisch gewaltige Dramatiker, der dem Musiktheater auswich; eigentlich alle Brahms-Klischees, wie etwa »schwerfällig«, »humorlos«, »akademisch«, »bourgeois« etc. plus ihre Gegensätze – so wie jedes Ding zwei Seiten hat. Und wenn einige Platitüden über Brahms zum Teil zutreffen, ist es um so faszinierender, daß ihr Gegenteil ebenfalls zutrifft, wenn nicht sogar noch stärker. Brahms war ein Mann voller Gegensätze, aber gerade die Konflikte ermöglichten es ihm, Musik von so ungeheurer Spannung zu schreiben, Musik, die in jedem Werk, Takt für Takt, mit der unverkennbaren, unmißverständlichen Stimme von Johannes Brahms zu uns spricht. *DGG 431 029-2*

*Wie die architektonischen Linien einer Brücke*

Wenn es je einen Komponisten gab, von dem man sagen kann, er sei der Komponist seiner Zeit gewesen, dann war es Gustav Mahler. Prophetisch war er nur insofern, als er bereits wußte, was die Welt erst ein halbes Jahrhundert später wissen und sich eingestehen würde... In ihren Enthüllungen ist diese Musik beinahe grausam. Es ist, als hätte eine Kamera die westliche Zivilisation in dem Augenblick erwischt, in dem ihr Verfall begann. Mahlers eigenes Konzertpublikum aber sah all das nicht: Es weigerte sich – oder war außerstande –, das eigene Abbild im Spiegel dieser seltsamen Symphonien zu erkennen...

Erst jetzt können wir Mahlers Musik endlich ganz begreifen: nach fünfzig, sechzig, siebzig Jahren Weltuntergang; nach zunehmender Unfähigkeit, keine Kriege zu führen, trotz des Fortschreitens der Demokratie; nach der Verherrlichung unserer höchsten nationalen Güter, bei wachsendem Widerstand gegen soziale Gerechtigkeit; erst jetzt, nachdem wir nahezu alles durchgemacht haben: die rauchenden Schlote von Auschwitz, die unsinnigen Bombardements der vietnamesischen Dschungel, den Ungarn-Aufstand, die Suez-Krise, das Desaster in der Schweinebucht, die Schauprozesse gegen Sinjawsky und gegen Daniel, die Ermordung Kennedys, den südafrikanischen Rassismus, die arabische Einkreisung Israels, den Rüstungswettlauf – erst jetzt begreifen wir Mahlers Musik, begreifen wir, daß er all das vorausgesagt hat. Und daß, indem er es voraussagte, auf diese Welt ein Regen von Schönheit niederging, die seither nie wieder erreicht wurde. *Erkenntnisse, 177–180*


Was war es, das Mahler gesehen hatte? Drei Arten des Todes. Zuerst seinen eigenen bevorstehenden Tod, dessen Nähe er sich durchaus bewußt war... Zweitens den Tod der Tonalität, was für ihn den Tod der Musik an sich bedeutete, der Musik, wie er sie kannte und liebte. Alle seine letzten Stücke sind Arten eines letzten Lebewohls an die Musik und an das Leben... Und, schließlich, seine dritte und wichtigste Vision: der Tod der Gesellschaft, der Tod unserer faustischen Kultur. *Frage, 306*

*Wie die architektonischen Linien einer Brücke*

Mahlers Märsche klingen wie Herzattacken, seine Choräle klingen, als sei die Christenheit toll geworden. Die alten, konventionellen viertaktigen Phrasen klingen, als wären sie in Stahl gestochen, seine Kadenzen beseligen wie der Augenblick, in dem man von Schmerzen erlöst wird. Mahler ist deutsche Musik mal unendlich.

*Erkenntnisse, 182*


Und so kommen wir zur letzten, unglaublichen Seite der Partitur. Ich glaube, diese Seite ist die größte Annäherung, die je in irgendeinem Kunstwerk an die Erfahrung des tatsächlichen Vorgangs des Sterbens, des Alles-Aufgebens erreicht worden ist. Die Langsamkeit in dieser Seite ist erschreckend: *Adagissimo*, schreibt Mahler, die langsamst mögliche musikalische Bezeichnung, und dann: *langsam, ersterbend, zögernd;* und als ob das noch nicht genügte, um den nahenden Stillstand der Zeit anzudeuten, fügt er den allerletzten Takten *äußerst langsam* hinzu. Es ist furchterregend und lähmend, wie die Klangfasern sich auflösen. Wir halten uns an ihnen fest, schwankend zwischen

Hoffnung und Ergebung ins Unvermeidliche. Diese spinnwebdünnen Fasern, die uns ans Leben binden, lösen sich auf, eine nach der andern, entschwinden unseren Fingern, noch während wir sie halten. Wir klammern uns an sie, während sie sich verflüchtigen; wir halten noch zwei – dann eine. Eine, dann plötzlich keine. Einen lähmenden Augenblick lang ist nur Stille. Dann wieder eine Faser, eine gebrochene Faser, eine... keine. Wir *begehren* fast, *daß uns der Tod berührt... Jetzt mehr denn je wünscht man den Tod herbei, ein Ende ohne nächtliche Beschwer.* Wenn wir aufgeben, verlieren wir alles. Wenn wir nachgeben, haben wir alles gewonnen. *Frage, 308f (zu Mahlers 9. Symphonie)*


Nennen Sie mir eine Ungereimtheit: Strawinsky hat sie geschrieben. Seine Werke sind ein Lexikon der Mesalliancen. Und was bewirken diese nicht zusammenpassenden Komponenten? Umwege, Mittelbarkeit als die unerläßliche Maske unseres Jahrhunderts: den versachlichten Gefühlsbericht, der aus der Erfahrung abgegeben wird, von um die Ecke, der also sozusagen aus zweiter Hand kommt. Aus zweiter Hand? Strawinsky, dieses einzigartige Original? Ja, aus zweiter Hand; denn der persönliche Bericht wird in klassischen Zitaten erstattet, durch Anspielungen auf die Klassiker, durch einen neuen Eklektizismus, der grenzenlos ist.

Das ist das Wesen von Strawinskys Neoklassizismus; er ist jetzt der große Eklektiker, die diebische Elster, »La gazza ladra«, aus jedem musikalischen Museum borgend, schamlos es bestehlend. Und dieses quasi Diebstahls-Prinzip begleitet seinen Kompositionsstil über drei lange Jahrzehnte, auf die eine oder andere Art.

*Frage, 369*

»Exaudi orationem meam, Domine« – »Höre mein Gebet, o Herr, leih' Dein Ohr meinem Flehen!« Können Sie sich vorstellen, wie ein Komponist der Romantik diese Worte vertont hätte? Demütig, flehend, in Selbstprüfung versunken. Verstummend, von Scheu ergriffen, zueinanderpassende Komponenten. Nicht so Strawinsky. Er geht zum Angriff über: ein brüsker, erschreckender Pistolenknall von einem Akkord wird von einer Art Bach'schen Fingerübung gefolgt. Unpassender geht's nicht. Es ist das genaue Gegenteil der Schubert-Wagner-Auffassung. Es ist laut, extrovertiert, befehlend. Und das ist unvereinbar, ein erhabener dramatischer Scherz. Es ist ein Gebet mit Krallen, ein Gebet aus Stahl; es vergewaltigt unsere Erwartungen, zerschmettert uns mit seiner Ironie. Und aus eben diesem Grunde sind wir so bewegt. *Frage, 371 (zu I. Strawinskys Psalmen-Symphonie)*

Ives hatte eine Art, den einen oder anderen Happen Amerikana in den europäischen Suppentopf zu werfen und daraus ein völlig neues symphonisches Gebräu zu machen. Und das alles hat nicht etwa einen Mischmasch, ein Gulasch angerichtet, sondern ein echtes Werk geschaffen, originell, exzentrisch, naiv und voller Charme wie eine harmlose Weihnachskarte, aber eine, die Ihnen beim Öffnen in den Händen explodieren könnte – denn Ives besaß einen boshaften Humor und war mit voller Absicht darauf aus, jeglicher Aufgeblasenheit die Luft herauszulassen. *DGG, 429 220*

*Wie die architektonischen Linien einer Brücke*

Ich hatte mir seine Werke verschafft und einstudiert, soweit ich nur konnte, und seine »Klaviervariationen« wurden buchstäblich mein Paradestück. Nach diesen Variationen war ich damals geradezu süchtig – auch heute noch finde ich sie wunderbar –, und es war mir ein Vergnügen, Parties mit dem Vorspielen dieses Werkes ein Ende zu bereiten. Diese »Klaviervariationen« waren das Äußerste, was man sich an avantgardistischem »Lärm« unterstehen durfte, und man konnte sich darauf verlassen, daß sich jedes Zimmer in Boston innerhalb von drei Minuten leeren würde, sobald ich mich ans Klavier gesetzt hatte, um sie vorzuspielen.

*Erkenntnisse, 202 (zu A. Coplands Klaviervariationen)*


Ich habe Ives' »offene Frage« weniger als eine übersinnliche aufgefaßt denn als eine im engen Sinn musikalische. Musik – wohin – in unserem Jahrhundert? Ich möchte Ihnen das Stück noch einmal erklären, diesmal in ausschließlich musikalischen Begriffen. Es gibt drei Elemente im Orchester: die Streicher, Solotrompete und ein Holzbläser-Quartett. Die Streicher spielen tatsächlich »ohne Tempowechsel durchlaufend pianissimo«, wie Ives es beschreibt, aber wichtiger... ist, daß sie in reinen *tonalen Dreiklängen* spielen. Und vor diesem langsamen, gehaltenen, rein diatonischen Hintergrund stellt die Trompete von Zeit zu Zeit ihre Frage – eine unbestimmte, nicht-tonale Phrase; und jedes Mal antwortet die Holzbläser-Gruppe in ähnlich unbestimmter, gestaltloser Art. Die Wiederholung der Frage ist mehr oder weniger stets gleich, aber die Antworten werden immer vieldeutiger und hektischer, bis die letzte Antwort in einem totalen Kauderwelsch endet. Aber die Streicher haben durchlaufend und unbeirrbar ihre diatonische Gelassenheit beibehalten; und wenn die Trompete ihre Frage »Musik – wohin?« zum letzten Mal stellt, erklingt keine weitere Antwort, nur die Streicher verlängern in aller Ruhe ihren G-Dur-Dreiklang in die Ewigkeit. *Frage, 260 f (zu Ch. Ives' »Die offene Frage«)*

Gershwins kurzes Leben war ein einziger hartnäckiger Versuch gewesen, auf die richtige Straßenseite zu gelangen, sowohl in musikali-

*Wie die architektonischen Linien einer Brücke*

scher wie in gesellschaftlicher Hinsicht, und bei diesem Versuch halfen ihm Ehrgeiz, eine enorme Lernfähigkeit und ein unglaublich feines Fingerspitzengefühl...

Gershwins Tragödie bestand nicht darin, daß ihm etwa die Straßenüberquerung mißlungen wäre, sondern vielmehr darin, daß sie gelang: Denn einmal drüben, auf der »richtigen« Straßenseite, hatte er keine Gelegenheit mehr, dort starke und tiefe Wurzeln zu schlagen. Es blieb ihm ein knappes Jahrzehnt, die Früchte dieser Verpflanzung heranreifen zu lassen, dann starb er, noch in seinen Dreißigern, nur wenig älter als Mozart, als dieser unsere Welt verließ. *Erkenntnisse, 221 f*


Beide Komponisten, Milhaus und Gershwin, taten jeder auf seine Weise das gleiche: Sie bemühten sich ganz bewußt, Jazz mit althergebrachter Musik zu verbinden. Nur bestand Milhauds bewußtes Streben darin, sich die fremden Jazzelemente auszuleihen, um sie in den reichen Boden seines persönlichen symphonischen Stils zu pflanzen, während Gershwins Bemühen dahin ging, sich die Technik traditioneller symphonischer Kompositionen von Europa auszuleihen, um einen Boden zu haben, in der er seine natürlich aufgehende Saat des Jazz säen konnte.

Wenn man Gershwins Stück [»The Rhapsody in Blue«] hört, ist es, als beiße man in einen schönen großen, saftigen Apfel und ließe den Saft frei übers Kinn laufen, während man beim Werk Milhauds [»La Création du Monde«] mehr das Gefühl hat, denselben Apfel elegant mit Messer und Gabel zu verzehren, und dabei die Frucht sorgfältig schält und einen Bissen nach dem andern genießt. Denn Milhaud ist ein Anti-Romantiker, ein Neo-Klassizist, der großen, üppigen Töne müde, während Gershwin ein naiver, romantischer Amerikaner, hemmungslos, überschwenglich und wundervoll altmodisch war. *Vielfalt, 58*

Jazz ist Freude am Spiel und deshalb Unterhaltung im besten Sinne. *Freude, 90*

# IV

## *Die Meistersinger waren einfach alle zu dick*

### Die Musik des 20. Jahrhunderts

*Ich will nicht auf die geschäftige, doch dürre
musikalische Szenerie um mich her blicken
und mich in einen Winterschlaf versenken,
um zu warten, bis die Knospen sprießen.
Ich will hier an meinem Platz stehen
und die unendliche Vielfalt der Musik verkünden.*

Vielfalt, 11

Der schauerliche Tod des romantischen Helden Don Juan [in der gleichnamigen symphonischen Dichtung von Richard Strauß] ist vielleicht ein Symbol für den Tod der romantischen Bewegung selbst. Das Werk, das ganz am Ende des Jahrhunderts geschrieben wurde, bringt ein Heimwehgefühl mit, wie fast alle Musik von Strauß und die ganze Musik von Mahler. Es herrscht ein trauriges Abschiedsgefühl von den frohen Wonnen dieses fabelhaften 19. Jahrhunderts. Das 20. Jahrhundert kam wie ein Sturm daher und wehte all die romantischen Begriffe hinweg wie auch vielen viktorianischen Bombast oder die Selbstgefälligkeit der Dritten Republik oder bürgerliche Anmaßung. Statt dessen wurde uns ein sauberes, neues, wissenschaftliches Jahrhundert beschert mit Telefon, Radio, Auto und Flugzeug. Don Juan wurde durch Freud in zwei kurzen Sätzen »weganalysiert«; es wurde entschieden, daß Romeo und Julia, wären sie am Leben geblieben, einander mit der Zeit ohnehin gehaßt hätten; und die Meistersinger waren einfach alle zu dick. *Vielfalt, 131*

Alle großen Werke unseres Jahrhunderts sind eigentlich aus einer Verzweiflung oder aus einer Auflehnung heraus geboren worden oder aus einer Zuflucht vor beiden. *Frage, 304*

Es ist mehr als merkwürdig, daß die letzte wirklich große Symphonie, Strawinskys Symphonie in drei Sätzen, die 1945 vollendet wurde, genau mit dem Ende des Zweiten Weltkriegs zusammenfällt. Manchmal glaube ich, daß die apokalyptische Bombe nicht nur Hiroshima zerstört hat, sondern auch die gesamte tonale Idee der Symphonie. *Erkenntnisse, 244f*

Jedermann sagt, daß wir uns in einem kritischen Stadium der Musikgeschichte befinden. Das gebe ich zu, aber ich gehe sogar noch weiter, ich behaupte, es ist ein abschreckendes Stadium. Der bekannte »Abgrund« zwischen dem

*Die Musik des 20. Jahrhunderts*

Komponisten und dem Publikum ist nicht nur breiter denn je – er wurde zu einem Ozean. Und was noch schlimmer ist, der Ozean ist zugefroren, und es zeigen sich keine unmittelbaren Anzeichen, weder dafür, daß der Graben schmäler werde, noch daß das Eis auftaue.

*Vielfalt, 9*

Während aller früheren Perioden – selbst in den Jahren üppigster Romantik – bestand zwischen dem Komponisten und dem Publikum irgendeine Beziehung, eine symbiotische Wechselwirkung, die beide Teile befriedigte. Der Komponist war der Bearbeiter der musikalisch-dynamischen Kräfte, war verantwortlich für deren Wechsel und Wachstum und schuf den Geschmack des Publikums, dem er dann die geeignete Nahrung darreichte, während das Publikum – quid pro quo – den Komponisten verköstigte, indem es einfach Interesse zeigte. Jede neue Oper von Monteverdi, Rossini, Wagner oder Puccini bot zu ihrer Zeit unweigerlich Gelegenheit zu Neugierde, kritischer Betrachtung und Begeisterung. Dasselbe galt für eine neue Symphonie von Haydn oder

Brahms, eine neue Sonate von Scarlatti oder Chopin.

Dies ist nicht mehr so und war es in unserem Jahrhundert nie mehr. Der Erste Weltkrieg schien einen Schlußpunkt gesetzt zu haben: Debussy, Mahler, Strauss und der frühe Strawinsky zogen offensichtlich die Endlinie. Es sind die letzten Namen der langen Ära, in der Komponist und Publikum voneinander abhängig waren. Von da an wurde es eine »Balgerei«: Komponist gegen Publikum. Fünfzig Jahre lang sind die Zuhörer in erster Linie an Musiker der Vergangenheit interessiert gewesen; sogar jetzt noch holt man (holen Sie) erst Vivaldi, Bellini, Buxtehude und Ives nach. Die Kontroverse über Wagner wirft Wellen auf, als wäre er Stockhausen. Wir (Sie) entdecken immer noch Haydn-Symphonien und Händel-Opern. Und der durchschnittliche Konzertbesucher braucht immer noch sehr viel Konzentration, um die »Eroica« als vollständiges, in seiner Form einheitliches Erlebnis zu erfassen. Nicht zu reden von »Elektra«, »Pelleas« oder der Siebenten Symphonie von Mahler. Lieber Leser, seien Sie ehrlich und geben Sie es zu. *Vielfalt, 9f*

*Die Musik des 20. Jahrhunderts*

Wir bekommen Musik von allen Seiten, Musik, der wir nicht lauschen können, sondern die wir bloß hören. Sie wird zu einer nationalen Seuche, und deshalb wird sie so uninteressant. Wir gelangen zu einer Übersättigung, unsere Konzentrationsfähigkeit wird vermindert, unsere Ohren sind zu müde, um wirklich zuzuhören...

An- oder zuhören ist ein aktives Erlebnis, ein Teilhaben an der Musik, ein Mitgehen mit ihr; es bedeutet, daß man sich in die schwierigen Aufgaben und deren Lösung hineinziehen läßt – während das Hören allein völlig passiv ist.

*Vielfalt, 18*

Es gibt [heute] Massenmärkte, eine riesige Schallplattenindustrie, berufliche Karrieren, bürgerliche Konkurrenz und Handelskammern für Musik. So entstand jene Form der Unterweisung und Erklärung, die man mit »Musikverständnis« bezeichnet hat, was Virgil Thomson einmal treffend mit »Musikverständnis-Betriebsmacherei« verdeutlicht...

Dieser Betrieb operiert, je nach Publikum, auf zwei Ebenen, wobei die eine abgeschmackter ist als die andere. Typ A ist die Vögel-, Bienen- und Bächlein-Art, die sich von allem, was halbwegs klingt, begeistern läßt. Aus jeder Note, jedem Ausdruck, jedem Akkord wird eine Wolke, eine Felsenklippe oder ein Kosak. Man erzählt lauschige Geschichten über große Komponisten, die, wo nicht falsch, so doch belanglos sind. Man ergeht sich in Anekdoten, zitiert berühmte Künstler, schwelgt in schlechten Witzen und faulen Wortspielen, hält die Zuhörer zum besten – und sagt absolut nichts über Musik. Natürlich bedienen wir uns alle hie und da dieser Mittel, wenn wir über Musik sprechen. Aber zu Anekdote, Vergleich oder Redensart habe ich für meinen Teil doch, hoffentlich, nur dann gegriffen, wenn die Musik dadurch verständlicher und leichter zugänglich wurde, aber nicht um leichter Unterhaltung willen oder gar – was noch schlimmer wäre –, um die Aufmerksamkeit des Zuhörers von der Musik abzulenken, so wie es der »Musikbetrieb« tut.

Im Gegensatz dazu ist Typ B vorwiegend an der Analyse interessiert – ein im Grunde lobenswertes und ernsthaftes Bestreben, aber

*Die Musik des 20. Jahrhunderts*

ebenso langweilig, oder: wie Typ A töricht. Es ist die Art »Jetzt kommt das Thema umgekehrt in der zweiten Oboe«, die in ihrer Fadheit uns eigentlich nur mit einer Landkarte der Themen versieht. Mit einer Art Baedeker also für die kahle Landschaft einer Komposition und, von diesen oberflächlichen geographischen Daten abgesehen, für die Musik auch ebenso nichtssagend.

*Freude, 12f*

In Kunstkreisen drehen sich die Gespräche heute mehr denn je um das Neueste, das Letzte, das Gewagteste, das Kaputteste, das Schickste – mit einem Wort: um das Vergänglichste. Nichts altert rascher als das äußerliche Experiment, als das gewollte Schockieren der Bourgeoisie.

*Erkenntnisse, 104*

Ich bin sehr dafür, weltweit die Kleinbürger zu schockieren, um Diskussionen herbeizuführen, Kontroversen zu provozieren; aber ich bin sehr dagegen, wenn das zum künstlerischen Hauptziel wird. Solche Ziele werden in einem halben Jahrzehnt mit dem Brackwasser weggespült.

*Erkenntnisse, 104f*


Im Augenblick, da ein Komponist versucht, Töne zu abstrahieren, weil er ihren tonalen Sinn verleugnet, hat er das Reich der Verständigung mit der Welt verlassen. Es ist in der Tat beinahe unmöglich (wenn sich auch die Komponisten, weiß der Himmel, seit fünfzig Jahren eifrigst bemühen) mitanzusehen, zu welchen verzweifelten Mitteln mehr und mehr Zuflucht genommen wird; Aleatorik, Elektronik, notenlose »Angaben«, Verwendung von Lärm und was nicht noch alles.

*Vielfalt, 14*


Vielleicht kann wahre Atonalität nur künstlich erzielt werden, mit elektronischen Mitteln, oder durch eine völlig willkürliche Unterteilung des Oktavraumes in etwas anderes als in die zwölf großen Intervalle unserer chromatischen Skala – in dreizehn gleich große Intervalle vielleicht, oder in dreißig, oder in dreihundert.

*Die Musik des 20. Jahrhunderts*

Aber nicht in *zwölf*, nicht in die zwölf Töne Bachs und Beethovens und Wagners; mit diesen zwölf Allgemeingültigkeiten konnten weder Schönberg noch Berg noch Webern jemals dem sehnsuchtsvollen Heimweh nach jenen Tiefenstrukturen entkommen, die durch diese Noten unterstellt werden; sie sind von ihnen nicht trennbar. Was die Musik dieser Komponisten so schön und bewegend macht, das ist der »Alte Duft aus Märchenzeit« – diese Eigenschaft sehnsuchtvollen Heimwehs. *Frage, 279*


Es kann nicht purer Zufall sein, daß nach einem halben Jahrhundert gründlichen Experimentierens die besten und beliebtesten Werke in atonaler und serieller Ausdrucksweise oder in der Zwölftonmusik jene Werke sind, die sich entgegen aller Übermacht einen gewissen Hintergrund der Tonalität bewahrt zu haben scheinen, jene Werke, die am reichsten an tonalen Einflechtungen sind. Ich denke aus dem Stegreif an Schönbergs Drittes Quartett, an sein Violinkonzert, an seine beiden Kammer-Symphonien; ich denke an beinahe sämtliche Musik von Alban Berg und an »Agon« oder »Threni« von Strawinsky; sogar an die Symphonie von Webern oder an seine zweite Kantate – in allen diesen Werken trifft man fortwährend deutliche Gespenster von Tonalität, die einen beim Zuhören verfolgen. Je mehr man zuhört, desto mehr wird man verfolgt. In dieser Verfolgung spürt man die quälende Sehnsucht nach Tonalität, den heftigen Trennungsschmerz und das geheime Bedürfnis, sie wiederzuerlangen.

*Vielfalt, 15*

Gelegentlich kommt es mir in den Sinn, daß an irgendeinem fernen Tag Musik, die völlig von der Tonalität losgelöst ist, denkbar wäre. Ich kann in meinem Kopf solche Musik nicht hören, bin aber bereit zuzugestehen, daß sie möglich wäre. Nur könnte dieser ferne Tag erst nach einer grundlegenden Veränderung unserer physischen Gesetze erscheinen, möglicherweise dadurch, daß sich der Mensch von unserem Planeten loslöst. Vielleicht befindet sich der Mensch auf seiner Jagd nach dem Weltraum bereits am Anfang der langen Straße zu diesem neuen Bewußtsein, zu diesem Omega-Punkt.

*Die Musik des 20. Jahrhunderts*

Vielleicht sind wir eines Tages von der Tyrannei des Tempos und von der Diktatur der Obertonreihe befreit. Aber noch sind wir irdisch, erdgebunden und weit entfernt von einem Omega-Punkt; wir stecken noch immer in so altmodischen Dingen wie menschlichen Verbindungen, ideologischen, internationalen Konflikten und Rassenkämpfen. Wir sind auch mit der größten Vorstellkraft und ungeachtet der Wunschträume unserer Kosmologien noch nicht von unserem Planeten befreit. Wie können wir vom Erreichen des Omega-Punktes sprechen, solange wir immer noch solche Hinterhofspiele treiben wie Vietnam?

Nein, wir sind immer noch Kreaturen dieser Erde, wir brauchen noch menschliche Wärme und haben das Bedürfnis, uns untereinander zu verständigen. Dafür sei Gott gepriesen. Solange einer von uns noch versucht, den andern zu erreichen, solange wird es den heilenden Beistand tonaler Empfänglichkeit geben.

*Vielfalt, 14 f*

V

# *Unsere Zeit ist fieberhaft beschleunigt*

## Leben im 20. Jahrhundert

*Dank sei Gott, daß ihr ungeduldig seid,
denn – und darum geht es –
eure Ungeduld ist eine Art Hoffnungssignal.
Ja, Hoffnungssignal.
Ihr könntet diese Ungeduld,
diesen Drang
nach augenblicklicher Traumerfüllung
nicht verspüren,
wenn in euch nicht Hoffnung wäre.
Was ist dann aber diese Verzweiflung,
von der wir dauernd hören?
Das ist gar nicht Verzweiflung –
das ist Ungeduld –
Enttäuschung, Wut:
Es geht euch bis daher.
Ihr habt genug.*

Erkenntnisse, 199

IN UNSERER ZEIT IST ES unendlich viel schwieriger geworden, mit der Ungeduld fertig zu werden. Unsere Zeit ist fieberhaft beschleunigt, man findet es selbstverständlich, über alle Weltereignisse, Probleme und Katastrophen *augenblicklich* informiert zu werden. Wir leben in einem Zeitalter, in dem uns die Werbung den Augenblicksgenuß verspricht: *augenblickliche* Schmerzfreiheit, *augenblickliche* Leistungsfähigkeit, *augenblickliche* Beruhigung. Es ist aber auch das Zeitalter, in dem die Vernichtung der Menschheit in einem einzigen *Augenblick* zur realen Möglichkeit geworden ist, mit der wir tagein, tagaus leben müssen...

Das Bedürfnis nach Augenblicksgenuß ist nämlich ein Zeichen von Kindlichkeit, und die augenblickliche Stillung dieses Bedürfnisses könnte genauso gefährlich und töricht sein wie die augenblickliche Vernichtung.

*Erkenntnisse, 196, 199*

*Unsere Zeit ist fieberhaft beschleunigt*

Da wären wir also in unserem schlauen, sauberen, tüchtigen, hygienischen Jahrhundert angelangt und sehen uns insgeheim nach dem vergangenen. Das ist die Wahrheit. Warum steht unser Verlangen so sehr nach Schubert, Schumann und Wagner? Warum rennen wir ins Konzert, wenn wir den Namen Brahms hören? Warum ist Tschaikowsky Ihr Lieblingskomponist? Weil er und seine romantische Hierarchie uns verschaffen, wonach wir uns heimlich sehnen, und was unserem aufgeklärten Heute und Morgen fehlt. Die Romantiker geben uns zum Beispiel unseren Mond zurück, den uns die Wissenschaft wegnahm und einfach einen neuen Flughafen daraus machte. Im geheimen wünschen wir alle, daß der Mond wieder sei, was er war – ein rätselhaftes, faszinierendes Licht am Himmel. Wir möchten, daß auch die Liebe rätselhaft bliebe, wie sie es immer war, und nicht, daß sie aus einer Anzahl psychotherapeutischer Regeln über gegenseitige persönliche Beziehungen bestehe. *Vielfalt, 131 f*

*Leben im 20. Jahrhundert*

Im Herzen sind wir alle noch Romantiker. Ich glaube, daß die Welt, einmal angesteckt von dem Fieber, dem brennenden Fieber nach Freiheit, das uns alle noch immer so heiß durchströmt, nie mehr ganz genesen wird. Aber unsere Art zu leben ist nicht mehr romantisch.

*Vielfalt, 132*

Das zwanzigste Jahrhundert war von Anfang an ein schlechtes Theaterstück: Erster Akt: Habgier und Heuchelei führen zu einem völkermordenden Weltkrieg; Nachkriegs-Ungerechtigkeit und Nachkriegs-Hysterie; Hochkonjunktur; ein Krach; Diktaturen. Zweiter Akt: Habgier und Heuchelei führen zu einem völkermordenden Weltkrieg; Nachkriegs-Ungerechtigkeit und Nachkriegs-Hysterie; Hochkonjunktur; ein Krach; Diktaturen. Dritter Akt: Habgier und Heuchelei – ich wage nicht, das fortzusetzen. Und was waren die Gegenmittel? Logischer Positivismus, Existenzialismus, galoppierende Technologien, der Flug ins All, die Anzweiflung der Wirklichkeit und überall ein hochzivilisierter Verfolgungswahn. Und unsere *persönlichen Gegenmittel*: Durchhalten, Rauschgift, Subkulturen und Gegenkulturen, sich aufputschen, Katzenjammer. Zeit schinden, Geld verdienen. Neue religiöse Bewegungen, die wie Epidemien auftreten, von den Gurus bis Billy Graham. Und Epidemien von neuen Kunstbewegungen, von der Konkreten Lyrik bis zu den Schweigseligkeiten des John Cage. Hier ein Tauwetter, dort eine Säuberung. Und das alles unter derselben Ägide, dem Engel des planetaren Todes. *Frage, 303f*


Die Generation, die euch voranging, war eine echt passive, und das war kein Wunder. Sie war die erste Generation, die in eine atomare Welt hineingeboren wurde, wer ihr angehörte, hatte die schreckliche Bombe als eine der grundlegenden Gegebenheiten des Lebens zu akzeptieren. So ist es. Die Welt ist eben eine qualitativ andere geworden. Sie waren nun einmal die Hiroshima-Generation. Ihr müßt verstehen, daß es das ist, was zu einer abgrundtiefen Passivität geführt haben könnte, zu einem ausschließlichen Eigennutz-Denken, zur Philosophie, soviel wie möglich zusammenzuraffen,

*Leben im 20. Jahrhundert*

solange noch Zeit dazu da ist. Wozu noch kommt, daß diese »Ich bin mir selbst der Nächste«-Generation in ihre Passiv-Philosophie vom unglaublichen Vordringen des Fernsehens gefördert wurde: sie war die erste Generation, die vom Bildschirm erzogen und an ihn gefesselt worden war – mit all den Versprechungen der Sofortbefriedigung, wie sie der Werbung, aber auch dem Umstand zugrunde liegen, daß ein Knopfdruck genügt, um sofort befriedigend unterhalten zu werden. Wenn man als drittes Element den ständig wachsenden Genuß an Rauschgift hinzufügt, haben wir das Patentrezept für Passivität beisammen. Die Folge: entweder irgendein Aussteigen aus der Gesellschaft oder ein irrer Wettlauf um den Nadelstreif mitsamt dem Zwang zum täglichen Kampf um den Erfolg in einer höchst zynisch materialistischen Art und Weise. *Erkenntnisse, 261 f*

Aufrichtigkeit ist die Sache des 20. Jahrhunderts nicht. Sie ist nicht chic. *Frage, 373*

*Unsere Zeit ist fieberhaft beschleunigt*

Sehr jung sein ist das, wonach die Menschen von heute sich sehnen, als ob man sich zurückentwickeln könnte; wir erleben tagtäglich das peinliche Schauspiel älterer Menschen, die sich wie Teenager anziehen, unterhalten, benehmen.
*Erkenntnisse, 169*

Rat wird heutzutage viel zu oft und viel zu leicht gegeben und wird zu oft auf die leichte Schulter genommen. Wir schlingern in einem Ozean voller Belehrungen und können bereits von Glück reden, wenn wir uns über Wasser halten.
*Erkenntnisse, 169*

Ich kann nicht umhin, zwischen dem häufig verkündeten Tod der Tonalität und dem gleichfalls ausposaunten Gottesuntergang eine Parallele zu ziehen. Ist es nicht merkwürdig, daß Nietzsche jene Botschaft gerade im Jahre 1883 verkündete, im selben Jahr, in dem Wagner starb, der, wie man annimmt, die Tonalität mit ins Grab nahm? Liebe Leser, ich möchte Ihnen schlicht vorschlagen, an keinen der bei-

*Leben im 20. Jahrhundert*

den Tode zu glauben; tot sind allein unsere eigenen, abgenutzten Begriffe. Die Glaubenskrise, in der wir leben, ist der musikalischen Krise nicht unähnlich; wir werden, wenn wir Glück haben, aus den beiden Krisen mit neuen, freieren Ideen herauskommen, vielleicht mit persönlicheren – oder sogar weniger persönlichen – Vorstellungen, wer kann das sagen? Aber auf jeden Fall mit einer neuen Auffassung von Gott und einem neuen Begriff von Tonalität. Und die Musik wird überleben. *Vielfalt, 15*

Gott gebe uns mehr Wohltäter in dieser gefährlichen und zynischen Welt. *Erkenntnisse, 166*

Unser ist das Jahrhundert des Todes, und Mahler ist sein musikalischer Prophet. *Frage, 303*

Wenn es uns wirklich ernst damit ist, Gemeinsamkeiten mit anderen zu haben, durch andere uns selber besser kennenzulernen, wenn es uns also wirklich ernst mit friedlicher Zivilisierung ist, werden wir die Vorteile künstlerischer Kommunikation nie überschätzen können.

*Erkenntnisse, 137*

Wir können so vieles tun, um dieser strauchelnden, beunruhigten, in Aufruhr befindlichen Welt zu helfen. Dies ist keine Ammenmärchen-Nächstenliebe; dies ist unsere Pflicht vor uns selbst und unser ureigenstes Bedürfnis.

*Erkenntnisse, 56*

# VI

## *Das Leben ist eine endlose Folge von Überraschungen*

### Aus meinem Leben als Musiker

*Ich glaube, ich hätte ein ganz annehmbarer Rabbi
werden können.
Doch davon konnte keine Rede sein,
denn Musik war das einzige,
was mich erfüllte.*   Gradenwitz, 29

Ich bin jeden Morgen beim Aufstehen überrascht, daß ich da bin und daß noch immer eine Welt um mich ist, die weitergeht. Ich glaube, ohne dieses Element der Überraschung könnte ich mir nicht die Begeisterung für Leben und Kunst bewahren, die ich empfinde. Das Leben ist eine endlose Folge von Überraschungen, und wenn ich einmal aufhören sollte, überrascht zu sein, mache ich Schluß, denn dann würde ich nicht mehr viel taugen, fürchte ich.

*Interview, 103*

Ich war unglücklich, bevor ich die Musik entdeckte. Ich war ein kleiner, schwacher, kränklicher Junge, blaß, unglücklich, hatte immer eine Bronchitis oder ähnliches, und dann, als ich zehn Jahre alt war, passierte das mit dem Klavier. Plötzlich fand ich meine Welt. Ich wurde innerlich stark, ich wuchs, wurde sogar sehr groß. Ich trieb Sport, gewann Medaillen und Pokale, war der beste Taucher. Es geschah alles gleichzeitig. Es veränderte mein Leben.

*Eine endlose Folge von Überraschungen*

Das Geheimnis, die Erklärung ist, daß ich ein Universum fand, in dem ich sicher war: die Musik. Ich war in ihm beschützt, ich hatte in ihm ein Heim. Niemand konnte mir mehr etwas anhaben, mir weh tun – auch nicht mein eigener Vater. Niemand konnte mich verletzen, wenn ich in meiner Welt der Musik war, wenn ich am Klavier saß. Das war meine Sicherheit.

*Gradenwitz, 33*

Immer schon habe ich Worte genauso geliebt wie Noten und in beiden den gleichen Gefallen an Mehrdeutigkeit, an ihren innewohnenden Überraschungen, an anagrammatischen Verspieltheiten, an Anmut des Ausdrucks gefunden. Hätte ich bloß die Fähigkeit, all das umzusetzen – die Kunst eines Nabokov, eines Merrill, eines Auden... aber man muß Tatsachen zur Kenntnis nehmen. Ich bin nun einmal kein Schriftsteller von Beruf.

*Erkenntnisse, 7*

*Aus meinem Leben als Musiker*

Wir Musiker sind seltsame Leute, aber wir sind nicht unvernünftig und voll von Zuneigung.

*Erkenntnisse, 251*


Vielleicht beginne ich am besten damit, eine mir oft gestellte Frage zu wiederholen, die eine technische Seite des Komponierens betrifft, vermutlich eine oberflächliche Frage, die aber eine Menge anderer Fragen aufwirft. Sie lautet: »Komponieren Sie am Klavier, am Schreibtisch oder wo sonst?« Nun, die Antwort darauf heißt: »Manchmal komponiere ich am Klavier, manchmal am Schreibtisch, manchmal auf einem Flughafen und manchmal, wenn ich durch die Straßen gehe; meistens aber komponiere ich, wenn ich im Bett oder auf dem Sofa liege. Meiner Meinung nach komponieren fast alle Komponisten meistens im Liegen. Schon oft kam meine Frau zu mir ins Studio, fand mich auf dem Sofa liegend und sagte: »O entschuldige, ich dachte, du arbeitest!« Und ich war wirklich an der Arbeit, doch niemand hätte es gemerkt.

*Vielfalt, 259*

*Eine endlose Folge von Überraschungen*

Wenn man auf dem Bett, auf dem Fußboden oder sonstwo liegt und das geistige Bewußtsein mehr und mehr verschwimmt, senkt sich allmählich die geistige Ebene, und man befindet sich irgendwo im Grenzland einer Zwielichtsphäre, sagen wir dort, wo nachts beim Einschlafen die Phantasie zu spielen beginnt. Jeder Mensch kennt diesen Zustand, mag er schöpferisch veranlagt sein oder nicht... Wenn die Phantasie dann zufällig eine schöpferische ist, wenn sie sich in Noten oder von einem Schriftsteller in Worten, von einem Maler in Bildern ausdrücken läßt – mit andern Worten, wenn man eine schöpferische Vision hat und genügend wach ist, sich an sie zu erinnern, sie zu beurteilen und zu wissen, wie man sie festhalten kann –, dann glaube ich, hat man den idealen Zustand erreicht. *Vielfalt, 260*

Was empfängt man in dieser Trance? Ja, das Beste, das Äußerste, was man erhalten kann, ist ein Ganzes, eine Gestalt, ein Werk. Man ist sehr glücklich, wenn das geschieht. Mit anderen Worten, man weiß vielleicht nicht einmal, welches die erste Note sein wird. Man hat die Vision von einer Gesamtheit, man weiß, daß es da ist, und alles, was man tun muß, ist, es herauskommen zu lassen und weiterzuführen. Die Führung mag ein recht bewußter Vorgang sein, aber man weiß, daß das Unbewußte auch da ist. Man hat eine Vorstellung, das ist das Größte, das geschehen kann.

Das zweitgrößte Erlebnis ist das Gefühl einer Atmosphäre, einer allgemeinen Stimmung, was nicht dasselbe ist wie die Gesamtheit eines Werks, denn es hat nichts mit dem formalen Aufbau zu tun. Jedoch ist es wichtig, die Stimmung zu fühlen, wenn sie von irgendwoher aus dem Innern kommt...

Hat man aber dieses Glück nicht, kann einem immerhin ein Thema einfallen. Anders ausgedrückt, es können ein grundlegender, fruchtbarer Einfall oder ein Motiv vorhanden sein, die gute Ergebnisse und Entwicklungsmöglichkeiten versprechen...

Dies ist ganz anders, als wenn einem bloß eine Melodie einfällt, was ich als viertbeste Sache bezeichnen würde – sie ist weniger brauchbar und weniger erwünscht als ein Thema.

*Eine endlose Folge von Überraschungen*

Denn ist eine Melodie, so schön sie auch sein mag, zu Ende, dann ist sie fertig. Melodien können nicht entwickelt werden wie Themen.

Also haben wir vier Stufen von Möglichkeiten. Ich glaube, es gäbe noch eine fünfte, die am wenigsten zu ersehen ist, und das wäre, in unserer berühmten Trance die Idee von einem Stückchen Musik zu empfangen, von einem harmonischen Fortschreiten oder von einer Figuration, von einer kleinen Zeichnung, von irgendeinem Effekt oder einer instrumentalen Kombination...

Ja, und das sechste Stadium ist natürlich, daß man einschläft. Das kommt sehr häufig vor. In der Tat glaube ich, daß es sogar meistens geschieht.

*Vielfalt, 262–264*


Sollte man mir das »Theatralische« in einem symphonischen Werk vorwerfen, so bekenne ich mich gerne schuldig. Ich habe nämlich den festen Verdacht, daß jedes Werk, das ich schreibe, für welches Medium auch immer, in Wirklichkeit in irgendeiner Weise Theatermusik ist.

*DGG, 253 096*

## Aus meinem Leben als Musiker

Das Werk, das ich mein ganzes Leben lang immer wieder geschrieben habe, handelt von jenem Kampf, der aus der Krise unseres Jahrhunderts, einer Krise des Glaubens, erwächst. Schon vor langer Zeit, als ich die 1. Sinfonie (»Jeremiah«) schrieb, habe ich mit diesem Problem gerungen. Der Glaube oder Friede, der am Schluß von »Jeremiah« gefunden wird, ist in Wirklichkeit eher eine Art Trost, aber keine Lösung. Trost ist eine Möglichkeit, Frieden zu erlangen, aber noch fehlt hier jenes Gefühl des Neubeginns, das sich am Ende der 2. Sinfonie (»The Age of Anxiety«) oder »Mass« einstellt.

*DGG, 415 964*

Jede Art von Musik, die echter menschlicher Ausdruck ist, hat für mich Gültigkeit.

*DGG, 415 965*

Ich liebe die Musik fanatisch. Ich kann keinen Tag leben, ohne Musik zu hören, ohne zu spielen, mit Musik zu arbeiten, über sie nachzudenken. Und all dies ganz unabhängig von meinem Beruf als Musiker. Ich bin ein *Fan*, ein der musikalischen Öffentlichkeit verpflichtetes Mitglied. *Vielfalt, 11*

Es ist mir unmöglich, eine endgültige Wahl unter meinen verschiedenen musikalischen Tätigkeiten zu treffen – ob Dirigieren, Komponieren, für das Theater schreiben oder Klavier spielen. Was immer mir im gegebenen Moment als richtig erscheint, muß ich tun, wenn auch auf Kosten anderer musikalischer Aufgaben. Ich werde keine einzige Note komponieren, solange mein Herz an einer Konzertsaison hängt; andererseits bin ich nicht bereit, wegen einer 9. Beethoven einen Schlager, der mir gerade durch den Kopf geht, ungeschrieben sein zu lassen. Es gibt da eine ganz bestimmte Rangordnung, deren Einhaltung zugegebenermaßen schwierig ist; sie muß aber peinlich genau befolgt werden. Denn der Endzweck all dessen ist die Musik an sich – und keineswegs das Musikgeschäft. *Erkenntnisse, 47*

*Aus meinem Leben als Musiker*

Als nur schöpferisch oder nur darstellerisch tätigen Menschen kann ich mich nicht sehen, weil dies die zwei Seiten meiner Natur sind. Ich bin damit geschlagen, wenn Sie so wollen; nennen Sie es keinen Segen, nennen Sie es ein Handikap. Es ist einfach so, daß ich eine Seite habe, die sich zurückziehen und für lange, ununterbrochene Perioden allein sein möchte, und eine andere, die unter Menschen sein will, eine gesellige Seite, die alles mit anderen teilen will. Ich glaube, das ist ein Schlüsselwort bei allem, was ich tue, »teilen«.

*Interview, 116f*


Als Dirigent interessiert und fasziniert mich jede neue Klangvorstellung, die auftaucht, während ich mich als Komponist der Tonalität verschrieben habe. Hierin liegt in der Tat ein Konflikt, und mein Bemühen, ihn zu lösen, ist buchstäblich meine inhaltsschwerste musikalische Erfahrung.

*Erkenntnisse, 152*


Sucht man in meiner Musik nach dem Gegensatz von Optimismus und Pessimismus, so wird man im Gegensatz von Tonalität und Nicht-Tonalität das beste musikalische Äquivalent finden. Ich glaube zutiefst an die Tonalität, daß man immer noch frische Klänge, wirklich neue Melodien und Harmonien auf tonaler Basis schreiben kann. *DGG, 415 965*

Ich bin mittlerweile recht alt geworden und dennoch nicht viel klüger, als ich vor dreißig Jahren war... Nur eines weiß ich noch immer: Schönheit ist Wahrheit und Wahrheit Schönheit... Aber unsere Wahrheitsliebe muß interdisziplinär, unser Schönheitsbegriff muß dehnbar, sogar eklektisch sein. Unsere Horizonte können nie weit genug sein. Wir müssen in der Lage sein, Empfindung und Vernunftwissen, Theorie und Praxis miteinander zu vermählen.

*Erkenntnisse, 237*

# VII

## *Große Worte kommen nicht in Frage*

### Erkenntnisse

*Ich glaube an den Menschen. Ich empfinde,*
*liebe, brauche und schätze den Menschen*
*mehr als alles andere, mehr als Kunst,*
*als Naturschönheiten, als organisierte Frömmigkeit*
*oder nationalistische Bündnisgebilde.*
*Eine menschliche Gestalt auf einem Bergeshang*
*kann den Berg für mich verschwinden machen.*
*Ein Mensch, der für die Wahrheit ficht,*
*macht mich die Platitüden*
*von Jahrhunderten vergessen.*
*Und ein einziges Menschenwesen,*
*an dem Unrecht verübt wird,*
*macht für mich das gesamte System,*
*das dieses zuläßt, ungültig.* Erkenntnisse, 76

DER EINZIGE SCHLUSS, zu dem ich nach einem Jahr des Sinnierens gekommen bin, ist ein altes Klischee: daß die Sicherheit des eigenen Wissens in dem Maße abnimmt, in dem man nachdenkt und Erfahrungen macht. Wenn man Zeit findet, seine Empfindungen verstandesmäßig zu betrachten, fangen etablierte Gewißheiten einzustürzen an, und in jeder Streitfrage zwinkert einem die »andere Seite« plötzlich verführerisch zu. Das nicht zu vermeidende Ergebnis: Man wird liberal bis zur Absurdität. Es ist eine Hamlet-artige Folter, wahrhaft liberal zu sein: alles wird plötzlich zum Gegenstand einander widersprechender Auslegungen; Parteinahme wird unmöglich, Meinungen werden flügellahm, und große Worte kommen nicht in Frage. *Erkenntnisse, 148*

Wahrheiten sind ewig; deswegen sind sie so schwer zu entdecken. *Erkenntnisse, 261*

*Große Worte kommen nicht in Frage*

Unser ganzes Leben verbringen wir damit, Konflikte zu lösen; aber wir wissen ganz genau, daß wirkliche Lösungen nur rückschauend möglich sind. Wir können vorübergehende Entscheidungen treffen (und treffen sie Tag für Tag vieltausendmal), aber erst nach unserem Tod wird sich erkennen lassen, ob wir jemals in der Lage waren, unsere Konflikte zu lösen. Solange wir leben, können wir uns nur darum bemühen.
*Erkenntnisse, 150*


Das Leben ist ein dauerndes Bemühen.
*Erkenntnisse, 150*

Ich glaube, es ist die edelste Gabe des Menschen, sich zu ändern. Damit ist er gott-ähnlich. Mit Vernunft begabt, kann er zwei Seiten erkennen und wählen: Er kann göttlich irren.
*Erkenntnisse, 76*

Ich glaube an das Recht jedes Menschen, sich im Irrtum zu befinden. Aus diesem Recht heraus hat er mit Mühsal und Liebe etwas geschaffen, das wir voll Ehrfurcht Demokratie nennen. Er hat sich dazu den steinigen Weg ausgesucht, und er geht diesen steinigen Weg weiter – aus Vernunft, aus freien Stücken, aus Irrtum, aus dem Wunsch nach Läuterung. *Erkenntnisse, 76*


Die ungeheure Idee der Demokratie hat uns Lichtjahre von Machiavellis Fürsten entfernt, und wenn es in unseren Regierungen nach wie vor machiavellistische Signale und Symptome gibt, so wissen wir, daß das etwas ist, das bekämpft und niedergebrüllt werden muß, etwas, dem wir uns nie unterwerfen dürfen.

*Erkenntnisse, 170*

Aus jeder Freiheit ohne Ordnung entsteht bloß eine Anarchie; nur das Zusammenwirken von Freiheit und Ordnung, von Vielfalt und Einheit bringt eine wahre Demokratie oder ein großes Kunstwerk hervor. *Vielfalt, 129*


Indem wir uns mit einem Problem befassen, indem wir es ausforschen, indem wir mit ihm leben, erhalten wir Antworten. *Erkenntnisse, 150*

*Große Worte kommen nicht in Frage*

Was tut man, wenn der Verstand stehenbleibt? Man belebt ihn mit der Kühnheit seiner Phantasie.

*Erkenntnisse, 264*

Um sich auf die Suche nach der Wahrheit begeben zu können, muß man trunken von der Phantasie sein.

*Erkenntnisse, 261*

Vor kurzem habe ich einige Stellen aus der Kabbala gelesen und mich bei der sonderbaren, verborgenen Erinnerung ertappt, daß sie eigentlich ein verbotenes Buch ist. Ich las weiter und stieß auf eine Stelle, durch die mein Vater-Verständnis eine neue Dimension erhielt. In den Erleuchtungen des Rabbi Simeon wird darauf hingewiesen, daß die Gesamtheit der Offenbarungen Gottes als Weisheit schlechthin, als *Chachmah*, begriffen werden müsse, daß die Weisheit aber nur in doppelter Form, männlich und weiblich, existieren könne. Deshalb ist *Chachmah* der Vater und *Binah*, das Verstehen, ist die Mutter.

Aber die beiden – und das ist mystische Not-

*Erkenntnisse*

wendigkeit – sind untrennbar; sie sind unteilbar. Rabbi Simeon beweist dies durch ein Anagramm von Binah: *Ben-Yah*, Gottes Sohn. Ein herrliches Paradoxon und so typisch jüdisch: die Mutter ist zu guter Letzt genauso Gottes Sohn wie der Vater – und deshalb sind sie eins.

*Erkenntnisse, 108f*

Ich habe lange gebraucht, den Sinn von Beerdigungen zu erkennen: Ich hatte sie stets als leeren Pomp, als echte »pompes funèbres«, gehaßt und gemieden; als eine eitle Zurschaustellung eines privaten letzten Lebewohls.

Und mit einem Mal, bei einer sehr persönlichen Gelegenheit, entdeckte ich, was offenbar alle anderen die ganze Zeit bereits gewußt hatten: daß Begräbnisse für die Lebenden da sind; sie lassen uns zusammenkommen, wie wir es sonst nie tun würden – um einander zu stützen, um die Gemeinsamkeiten unserer Bewegtheit zu spüren, um gemeinsam zu trauern, zu weinen und – jawohl! – um uns gemeinsam zu freuen, zu freuen im Namen derjenigen, denen diese Zusammenkunft gilt.

*Erkenntnisse, 224*

Was bezaubert mehr als kindlicher Glaube? Er ist total, überwältigend.
*Erkenntnisse, 212*


Ein großer Lehrer ist einer, der aus seinen Schülern Funken herausschlagen kann, Funken, an denen ihr Enthusiasmus für Musik – oder was immer sie studieren – schließlich Feuer fängt.
*Erkenntnisse, 118*


Es gibt zwei Sorten von Ehrungen: solche, die man annimmt, und die anderen, die man ablehnt. Die letzteren sind viel zahlreicher als die ersteren.
*Erkenntnisse, 168*


Das, was man liebt, kritisiert man oft am heftigsten.
*Freude, 56*


Es ist nur allzu leicht, uns selber zu betrügen, uns eine Vorstellung von uns selbst zurechtzuzimmern, die vielleicht unseren Hunger nach Selbstbestätigung zu stillen vermag,

*Erkenntnisse*

aber zuletzt hohl klingen und uns zerstören wird. *Erkenntnisse, 176*

Nur aus Enthusiasmus kann Neugierde entstehen, und nur wer neugierig ist, besitzt den Willen zu lernen. *Erkenntnisse, 118*

Entspannen ist viel schwieriger, als angespannt zu bleiben. All die kleinen und großen Wehwehchen und Widrigkeiten, die barmherzig unterdrückt bleiben, solange man drauflosarbeitet, kommen, sobald man sich ausruhen will, sekundenschnell zum Vorschein, und wieder ist die Ruhe dahin. *Erkenntnisse, 82f*

Jeder Mensch möchte sich an irgendeinen anderen Menschen anschließen. *Vielfalt, 266*

Stille ist unsere innerlichste Art des Tuns. In unseren Augenblicken tiefer Ruhe entstehen alle Gedanken, Gefühle und Kräfte, die wir schließlich mit dem Namen des Tuns beehren.

*Große Worte kommen nicht in Frage*

Unser gefühlvollstes aktives Leben wird in unseren Träumen gelebt, unsere Zellen erneuern sich am eifrigsten in unserm Schlaf. Wir erreichen das Höchste in Meditation, das Weiteste im Gebet. In Stille ist jedes menschliche Wesen fähig der Größe; frei von Erfahrung von Feindseligkeit, ein Dichter, und am ähnlichsten einem Engel. Doch Stille verlangt eine tiefgründige Disziplin, man muß sie sich erarbeiten, und sie gilt uns um so mehr darum als kostbarer Schatz.

*Gradenwitz, 368f*

VIII

*Ich glaube an die Möglichkeiten der Menschen*

Die Zukunft der Menschheit

*Das ist die faszinierendste Zweideutigkeit
von allen:
daß, während wir heranwachsen,
das Zeichen unserer Reife
das Akzeptieren unserer Sterblichkeit ist,
und daß wir dennoch in unserer Suche
nach der Unsterblichkeit fortfahren.
Wir mögen glauben, daß alles vergänglich ist,
sogar, daß alles vorüber ist:
Dennoch glauben wir an eine Zukunft.
Wir glauben...
Wir müssen
an diese Art von schöpferischer Kraft glauben.
Wenigstens muß ich es.* Frage, 306

Ich glaube an die Möglichkeiten der Menschen. Ich kann nicht tatenlos zusehen, wenn jemand im Namen der »menschlichen Natur« resigniert aufgibt. Menschliche Natur ist nichts als tierische Natur, wenn sie unabänderbar ist. *Menschliche* Natur beinhaltet unter den Elementen, aus denen sie besteht, auch das Element der Verwandlungsfähigkeit. Ohne Wachstum gibt es keine Gottheit.

*Erkenntnisse, 77*


Ich wiederhole, daß sich die Menschheit weiterentwickelt, daß sie Fortschritte macht, daß sie in unendlichem Maße zu vervollkommnen ist. Warum sonst würden wir uns quälen, uns abmühen, studieren, graduieren, strampeln, denken, einen Versuch wagen, das Ziel verfehlen, einen zweiten Versuch wagen – mit einem Wort: leben? Weil wir uns weiterentwickeln.

*Erkenntnisse, 175*

*Ich glaube an die Möglichkeiten der Menschen*

Die Zukunft unserer Welt wird allen Völkern gemeinsam sein – oder sie wird sich als eine sehr unwirtliche Zukunft erweisen. Wir müssen versuchen, unsere Nachbarn immer besser kennenzulernen; die Zeiten selbstgefälliger Isolierung sind vorbei; Staatsgrenzen müssen in zunehmendem Maße zu geographischen Symbolen abgeschwächt werden. Die Straße zum Frieden ist die Straße zur Universalität, und die Nebenstraßen, die in sie münden, kommen von der Selbsterkenntnis her sowie aus der Kenntnis unseres Nächsten. *Erkenntnisse, 138*


Selbsterkenntnis ist zur Lebensfrage unserer Hemisphäre geworden. *Erkenntnisse, 139*


Es handelt sich nicht so sehr darum, uns selber treu zu sein, als darum, unser wahres Selbst zu erkennen. War Hitler nicht sich selber treu? War die Kirche nicht sich selber treu, als sie Jan Hus verbrannte und Martin Luther exkommunizierte? Ist der Halbwüchsige, der vergewaltigt, nicht sich selber treu? Millionen psychisch

*Die Zukunft der Menschheit*

Kranker dieser Erde haben bloß eine verzerrte und groteske Vorstellung von ihrem eigenen Ich, und es ist tragisch, daß sie die Richtschnur ihres Handelns ist. *Erkenntnisse, 175*

Eure Aufgabe ist es, euer wahres Selbst zu erkennen, ein Selbst zu formen, das nicht bloß aus Geburtswehen und Pubertätsängsten, aus Umwelt und aus Anpassung, aus Status-Zwängen und Macht-Zwängen, aus Nachsicht-Gewähren und aus Über-die-Stränge-Schlagen besteht, sondern eines, das auf die Stimme des Gewissens hört, auf Ehrbegriffe ansprechbar ist und Mitleid als süße Last empfindet. *Erkenntnisse, 176*

Heutzutage wird die Suche nach Schönheit durch Sinnfälligkeit – und umgekehrt – immer wichtiger, da das Mittelmaß und der Kunstverschleiß unser Leben täglich mehr und mehr verunstalten. *Frage, 63*

## Ich glaube an die Möglichkeiten der Menschen

Findet ihr nicht auch, daß das endlose, sinnlose Aufstapeln von Atomraketen strafbar, ja unzüchtig ist? ...

Warum führen wir uns wie Selbstmörder auf? Ich kann euch nicht mit den sachkundigen Antworten dienen, mit denen euch ein Politiker, ein Nationalökonom, ein Soziologe sofort versehen könnte. Das sind nicht meine Fächer. Ich bin Künstler und kann nur feststellen, daß wir unsere Phantasie nicht neue Blüten treiben lassen. Die Wunschträume, denen wir uns hingeben, sind noch immer die alten, stammesähnlichen: Sie entspringen der Habgier, dem Machtdurst, dem Überlegenheitsgefühl. Wir haben neue Wunschträume bitter nötig. Nur wenn wir sie Wirklichkeit werden lassen können, wird es uns gelingen, unsere Erde zu einem sicheren Ort werden zu lassen, statt zu einer zusammengewürfelten Ansammlung von Gesellschaftssystemen, die sich von Krise zu Krise weiterschleppt, bis sie die Selbstzerstörung erreicht hat.

*Erkenntnisse, 265 f*

*Die Zukunft der Menschheit*

Man versichert uns immer wieder, daß es auf dieser Welt zwanzigmal mehr Nahrungsmittel gibt, als nötig wären, den Hunger aller lebenden Menschen zu stillen, und daß genug Wasser da ist, um alle Wüsten zu bewässern. Die Welt ist reich, die Natur ist freigiebig, wir haben alles, was wir brauchen. Warum ist es aber dann so schwer, allen Menschen ein gewisses Lebensminimum zu sichern? Einen Lebensstandard, unter den kein Mensch sinken dürfte? Noch einmal: Wir brauchen Phantasie, Wunschträume – neue Wunschträume. Und die Leidenschaft und den Mut, sie Wirklichkeit werden zu lassen.

*Erkenntnisse, 266*


Es sind die Künstler auf dieser Welt, die Fühlenden und die Denkenden, die uns schlußendlich erretten werden, denn sie sind in der Lage, die großen Träume auszudrücken, zu lehren, herauszufordern, festzuhalten, vorzusingen, herauszuschreien. Nur Künstler können das »Nochnicht« Wirklichkeit werden lassen.

*Erkenntnisse, 200*

## Ich glaube an die Möglichkeiten der Menschen

Was haben wir Künstler mit Öl und mit Wirtschaft, mit Überleben und Ehre zu tun? Die Antwort ist: alles. Unsere Wahrheit, wenn sie vom Herzen kommt, und die Schönheit, die wir aus ihr hervorbringen, sind vielleicht die einzigen wirklichen Wegweiser, die übriggeblieben sind, die einzigen klar sichtbaren Leuchttürme, die einzige Quelle der Erneuerung der Vitalität der menschlichen Weltkulturen. Wo Wirtschaftsfachleute hadern, können wir heiter sein. Wo Politiker ihre diplomatischen Spiele betreiben, können wir Herz und Hirn bewegen. Wo die Habgierigen raffen, können wir schenken. Unsere Federn, unsere Stimmen, unsere Pinsel, unsere Pas de deux, unsere Worte, unsere Cis' und B's steigen höher empor als die höchste Öl-Fontäne. Sie können Eigennutz in die Knie zwingen. Sie können uns vor dem moralischen Niedergang bewahren. Vielleicht sind es überhaupt nur die Künstler, die das Mystische mit dem Rationalen versöhnen und darin fortfahren können, die Allgegenwart Gottes der Menschheit vor Augen zu führen.

*Erkenntnisse, 237f*

*Die Zukunft der Menschheit*

Wir müssen fest, fester als zuvor, aneinander glauben, an unser Vermögen, zu wachsen und uns zu ändern. An unsere Macht, uns mitzuteilen und zu lieben. An unsere wechselseitige Menschenwürde. An unseren steinigen Weg zur Demokratie. Wir müssen Gefallen daran finden, unsere Kümmernisse, unsere Erfolge, unsere Leidenschaft nicht bis zur Neige auszukosten. Durch die Kunst müssen wir uns selbst besser kennenlernen. Wir müssen uns mehr auf die unbewußten Kräfte im Menschen verlassen. Wir dürfen nicht Sklaven von Dogmen werden. Wir müssen an die Machbarkeit des Guten glauben. Wir müssen an den Menschen glauben.

*Erkenntnisse, 78f*

Das ist die Aufgabe, die sich jeder Künstler, jeder Jude, jeder, der guten Willens ist, hinfort zu stellen hat: darauf zu bestehen, unweigerlich und auf die Gefahr hin, sich ewig zu wiederholen – darauf zu bestehen, daß wir eine Welt zustande bringen, in der der Verstand über die Gewalt triumphiert.

*Erkenntnisse, 133*

Seid ihr bereit, euren Verstand aus den Fängen eines engen, konventionellen Denkens und aus den Zwängen eines unerbittlichen logischen Positivismus zu befreien?

Seid ihr bereit, euch niemals in jenen Zustand der Passivität versetzen zu lassen, in dem man sich betäubt mit dem Status quo zufriedengibt?...

Seid ihr bereit und tapfer genug, euren Verstand aus den Zwängen zu befreien, die wir Älteren ihm aufgezwungen haben?

Seid ihr bereit, es – wie die Künstler – anzuerkennen, daß das Leben des Geistes Vorrang vor dem tätigen Leben hat und dieses bestimmt?

Seid ihr bereit, von der Annahme auszugehen, daß unsere Gesellschaft um so gesünder, um so fruchtbringender sein wird, je reicher und schöpferischer das Geistesleben sich zu entfalten vermag?

*Erkenntnisse, 263 f*

# Quellenverzeichnis

L. Bernstein, Konzert für junge Leute. Die Welt der Musik in neun Kapiteln. Alle Rechte an der deutschen Ausgabe bei Albrecht Knaus Verlag GmbH, München 1985 (= Junge Leute).

L. Bernstein, Von der unendlichen Vielfalt der Musik. Alle Rechte an der deutschen Taschenbuchausgabe bei Wilhelm Goldmann Verlag GmbH, München 1984 (= Vielfalt).

L. Bernstein, Erkenntnisse. Beobachtungen aus fünfzig Jahren. Alle Rechte an der deutschen Ausgabe bei Albrecht Knaus Verlag GmbH, München 1983 (= Erkenntnisse).

L. Bernstein, Freude an der Musik. Alle Rechte an der deutschen Ausgabe bei Wilhelm Goldmann Verlag GmbH, München 1992 (= Freude).

L. Bernstein, Musik – die offene Frage. Vorlesungen an der Harvard-Universität (The unanswered question). Deutsche Übertragung von Peter Weiser. Molden-Verlag, Wien–München–Zürich 1979; Taschenbuchausgabe: Goldmann Verlag GmbH, München/B. B. Schott's Söhne, Mainz 1981, Neuauflagen 1989, 1991 (Goldmann-Taschenbuch 33052).

P. Gradenwitz, Leonard Bernstein. Unendliche Vielfalt eines Musikers. Alle Rechte an der deutschen Ausgabe bei Atlantis Musikbuch-Verlag, Zürich 1984 (= Gradenwitz).

*Quellenverzeichnis*

Interview Robert Chesterman – Leonard Bernstein, »Ich wollte ins Wasser gehen«, in: Leonard Bernsteins Ruhm. Gedanken und Informationen über das Lebenswerk eines großen Künstlers. Deutsche Übertragung von Hermann Stiehl, hg. von J. Kaiser. Albrecht Knaus Verlag GmbH, München 1988, S. 102–119 (Interview).

Beilage zur CD: Leonard Bernstein dirigiert Bernstein. Songfest, Chichester Psalms. Deutsche Grammophon Gesellschaft mbH, CD 415965-2 (= DGG).

Beilage zur CD: Charles Ives, Symphonie Nr. 2 u. a. Deutsche Grammophon Gesellschaft mbH, CD 429220-2 (= DGG).

Beilage zur Schallplatte: L. Bernstein, Symphonie Nr. 2. Deutsche Grammophon Gesellschaft mbH, LP 253096-9 (= DGG).

Beilage zur CD: J. Brahms, Sinfonie Nr. 1, Deutsche Grammophon Gesellschaft mbH, CD 431029-2 (= DGG).

Beilage zur Schallplatte: L. Bernstein, Symphonie Nr. 1. Deutsche Grammophon Gesellschaft mbH, LP 415964-2 (= DGG).

Herausgeber und Verlag danken den folgenden Verlagen für die Erlaubnis zum Abdruck der ausgewählten Texte: Atlantis Musikbuch-Verlag, Zürich; Verlag Wilhelm Goldmann, München; Verlag Albrecht Knaus, München; Deutsche Grammophon Gesellschaft mbH, Hamburg, Boosey & Hawkes, Inc., New York.